心一堂術數古籍珍本叢刊

書名：蔣大鴻嫡傳水龍經注解 附 虛白廬藏珍本水龍經四種（五）
系列：心一堂術數古籍珍本叢刊 第二輯 堪輿類 蔣徒張仲馨三元真傳系列 191
作者：【清】蔣大鴻編訂、【清】楊臥雲、汪云吾、劉樂山註
主編、責任編輯：陳劍聰
心一堂術數古籍珍本叢刊編校小組：陳劍聰 素聞 梁松盛 鄒偉才 虛白盧主

出版：心一堂有限公司
地址／門市：香港九龍旺角西洋菜南街五號好望角大廈一〇〇三室
電話號碼：+852-6715-0840 +852-6633-7949
網址：sunyata.cc
publish.sunyata.cc
電郵：sunyatabook@gmail.com
網上書店：http://book.sunyata.cc
網上論壇：http://bbs.sunyata.cc/

版次：二零一七年七月初版
平裝：十冊不分售

定價：港幣 二千八百元正
新台幣 一萬零八百元正

國際書號：ISBN 978-988-8317-46-2

香港及海外發行：香港聯合書刊物流有限公司
地址：香港新界大埔汀麗路三十六號中華商務印刷大廈三樓
電話號碼：+852-2150-2100
傳真號碼：+852-2407-3062
電郵：info@suplogistics.com.hk

台灣發行：秀威資訊科技股份有限公司
地址：台灣台北市內湖區瑞光路七十六巷六十五號一樓
電話號碼：+886-2-2796-3638
傳真號碼：+886-2-2796-1377
網絡書店：www.bodbooks.com.tw
台灣讀者服務中心：國家書店
地址：台灣台北市中山區松江路二〇九號一樓
電話號碼：+886-2-2518-0207
傳真號碼：+886-2-2518-0778
網絡書店：http://www.govbooks.com.tw/

中國大陸發行・零售：心一堂書店
深圳地址：中國深圳羅湖立新路六號東門博雅負一層零零八號
電話號碼：+86-755-8222-4934
北京地址：中國北京東城區雍和宮大街四十號
心一店淘寶網：http://sunyatacc.taobao.com

水龍經卷之三總論

此卷水龍天星垣局乃化龍山人董遇元述景純氏之言而作者也董君不知何代人其圖三十六穴上應天星而每局括以四言十六字中有駙馬儀賓京堂等語乃本朝物色其為近代之人所撰有明徵矣而品列星占隱奧不猥苟非慱綜象緯窮探星源之學者安能望其涯涘雖不出于景純氏抑亦景純之流亞歟至其撰句選詞典慱遒麗卓乎大雅之為予考揚公以還地理之家鮮能文之士惟元賴布衣葢以奇才而生蒙古之運徉狂詩酒晦跡其中每有咏歌天才爛發見于會稽諸鈴者可徵也予向以為賴

公之才此中無与比者不意又得之此卷形象者流何其多才欤至其所論天星但取水形相似連類以求蓋非無本古語不云乎在天成象在地成形地有斯形寔与天象遙相應合豈傳會哉以此明天星垣局与世人所傳二十四方道各分星纏者奚啻天壤蓋地有定位而天無定位雖有十二次舍不可謂即地之二十四干支也故天星之説古今所尚而予獨以為無徵考之已往幾見翰林學士定出巽辛萬里封侯必生庚震即歷代帝王發跡之地亦未嘗盡屬三垣來龍也故知方位之合天星不若象形之有據矣予之存此書蓋將尊其名廣其類以顯水龍作用之大使學者

知所崇重以匹乎山龍不分軒輊尒三垣九野列宿甚多而名川三百支川三千水之為數亦不可紀極即如山龍亦安能一一舉天星而比擬之哉必執天星以論水局必取合天星之水局而後知其尊且貴則雖拘墟之見而非得天机妙用者也此卷雖存學者毋以文害志可也大鴻氏筆記

郭景純水鉗賦

天壤浩渺三辰顯晦一氣循環五行榮悴江河以流山岳以峙暄
陽為生陰寒為死是以哲人象天則物因地察義氣以載理磅礡
無疆理萃氣聚陰谷生陽地出川岳天垂斗星本乎一氣全情
異名謹穴龍形列宿耀明天施順播地德土承葭管灰飛孕懷百
靈鑄以形氣剖以吉凶陰陽相禪五運森聯舉一遠二乃術之偏
欲識其地先觀其天欲識其形先觀其玄禹迹茫茫哲人大觀不
察其流孰知其源滔子漫衍亹亹淵淵乘氣而行子母相援夫婦
交度剝換蜿蜒柔利為吉激射為殃指水為水孰辨五星土木厚重

金水圓清木水挺直火水飛騰臨涯跳激不失其形金木相攻
変水則比水火相戰木旺尤忌土神生金最畏逢木〻星帶火邦
家傾覆趋蓄之位各有關軸胞胎死絕生旺官祿冲尅刑傷灾祥
迅速拙師謬誤誇多誕門按圖習偽百無一真彼以為是我獨知
其杳冥嗚呼吉凶本乎消長五行運乎死生信耳不如信目信目
不如信心景純雖死精神尚存若乃長江鴨綠大海无涯波瀾洶
湧蛟龍夜啼界之罔極索之愈凝雖有曲折不忌逶迤運啓天鑰
君子勿題下追淮泗江峽漢水巨脉縱橫沿洪觸涘州邑鄉村龍
神所據旋垣轉屏脉隨氣聚揚眉遠眺精神來會洲澗洋〻穿江

入湖三十六穴景純所圖末晉之間。僻音䟦狚唐宋以來水法虛無青烏石遺發自何年不載他物惟説水鉗龍頷藏珠賢輔所生上應華蓋葵隨曲衡河漢交度東西二藩真穴奠下近侍官班天府壎箎曜通天苑穴點尨睛名揚翰苑虹飛飲海將軍氣揚帷幔内穴威振邊疆蟠龍飲乳軫宿所處内穴景堂傍為驃騎錦屏掛錦上輝天錢穴藏中宿主嬪貴賢金勾掛月天鈎入垣餌穴居内可釣顯官天衢献印漸臺垂應穴倷中轂貴雄百乘天厨玉膳天皇内厨咼釜取穴珍羞胎肥龟浮蓮影天鼋暗照穴應蓮心者福之兆璚屏玉架上應五車牙籤夾穴翰史榮華玉階五級翠宿所

居穴乘羽翰飛步天衢瓊蔻結綵八魁聚靈隱禪取穴錦緒聯英
金瑣瓊闈斗宿所藏穴轉曲窩金資萬箱玉堂文幕罷府璘〻福穴
居內笙歌滿院芳城秀衍上配天田葬居中央阡陌連綿玉練纏
天上應文曲穴居剪裁補袞之職金闕牙班庫樓森張王案作穴
列爵鵷行多橫九畹天底曜明穴點多眉貟宸揚名陽河漪祿上
應斗斛穴鍾日精冢宰之福陽隰纏輝郎垣疊〻參差點穴簪纓
几里神龜拾蛤六甲奮光穴居豐頸燮理陰陽驥嘶掉尾左映旗
星葵繫其頸陣上揚名日月分精天廟顯星葵陽御陰男女溲英
双虬聚英左右執法穴齊端門咎綠顯達春蛟賽月蜿蜒臨湖神

宮取穴名顯皇都金盤出匣牛宿所臨葬看點饌綺席華裀金倉
玉粒大囷顯赫葬其中廩祿錫萬石玉女鋪床天床森昭駙馬儀
賓穴居閫奧繡幄銀鉤天涵外屏裀褥取穴御苑芳英雁落平砂
穴粘羽林壘壁桓桓武柄文衡珠胎鴻月天淵映輝法葬內苑食
祿瓊闈金蓮側露穴在花心上臨積翠繞馭千軍玉衡掛斗天倉
顯文柱史儲卿葬倚雲屏天樞地軸威名千里穴居中宮奎宿所
履以上龍法作於景純紛錯糾纏形難具陳得魚忘筌頓悟以心
生旺起祖清純入穴水纏砂轉蔓若瓜瓞認根識幹認枝識葉山
乱势奔水乱势結蛛絲浪萍隱隱冥冥入土不滅入水不湮上哲

辨氣下指辨形〻氣俱淂殃福自真視淵若著視漢若喧玄而又
玄難以言〻古人之沒莫拾糟粕東南華㬉西北凛冽雪氷未消
湖水易洩揆高衡平視生處穴宝喝烟銷虛簷雨歇壙弩發机遊
叭一節蝦鬚蟹眼玄論紛紜叠粘倚撞化生胎唇神不傳目化不
傳心庸師慣〻五行不分既泥羅纏又多謬星指生為死鑒凶裂
純上瀆天垣下毀地文灵輝不照白晝杳昏幽堂慘凛已福盡傾
嗟夫斯理言之渾〻聽之悶人為非知者交臂不親遇穴淹倫草野
悲吟敢昭珍秘豁吾後人雖曰先賢之淑教亦由後人之秉心化龍
山人董遇元編

龍額藏珠貪輔所生
上應華蓋葵隨曲衡

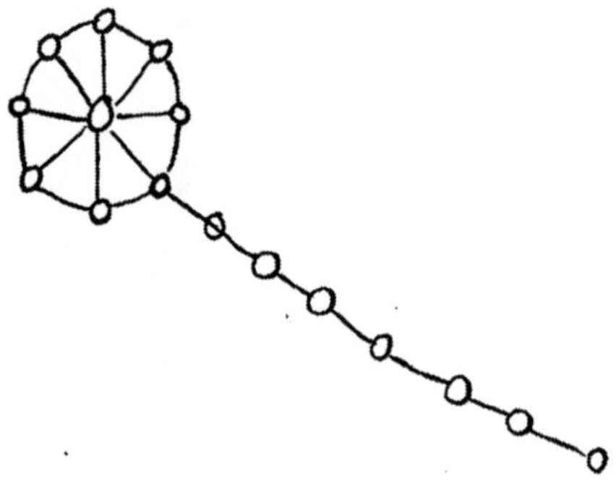

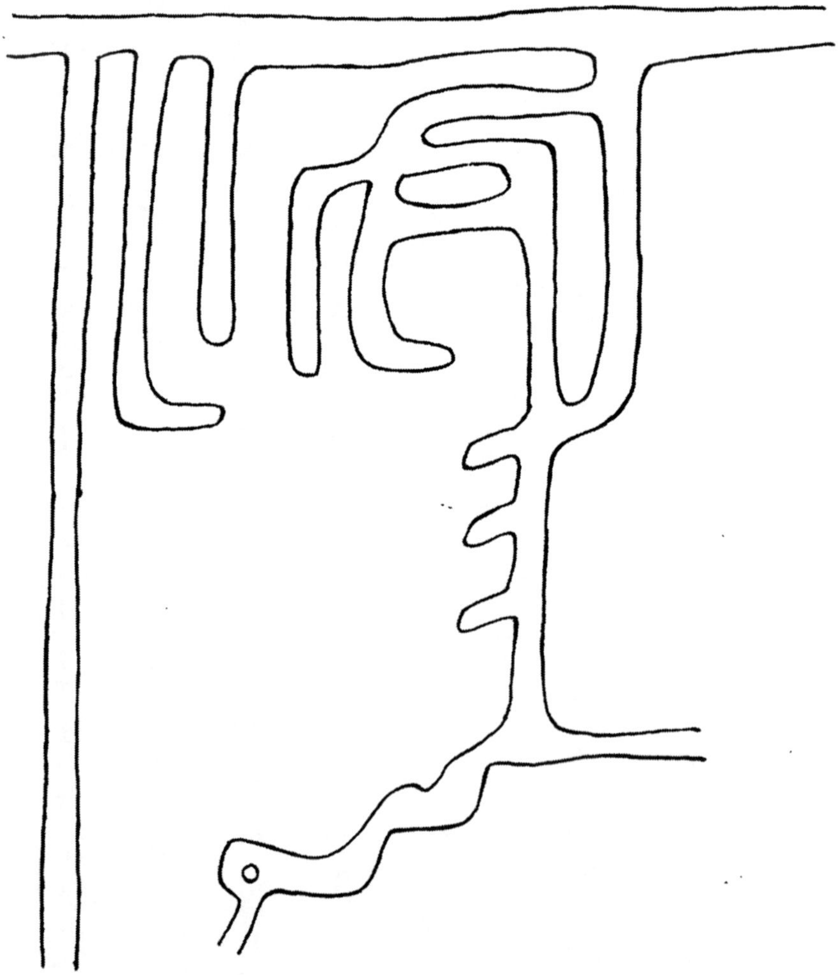

河漢交度東西二藩
真穴奠下近侍官班

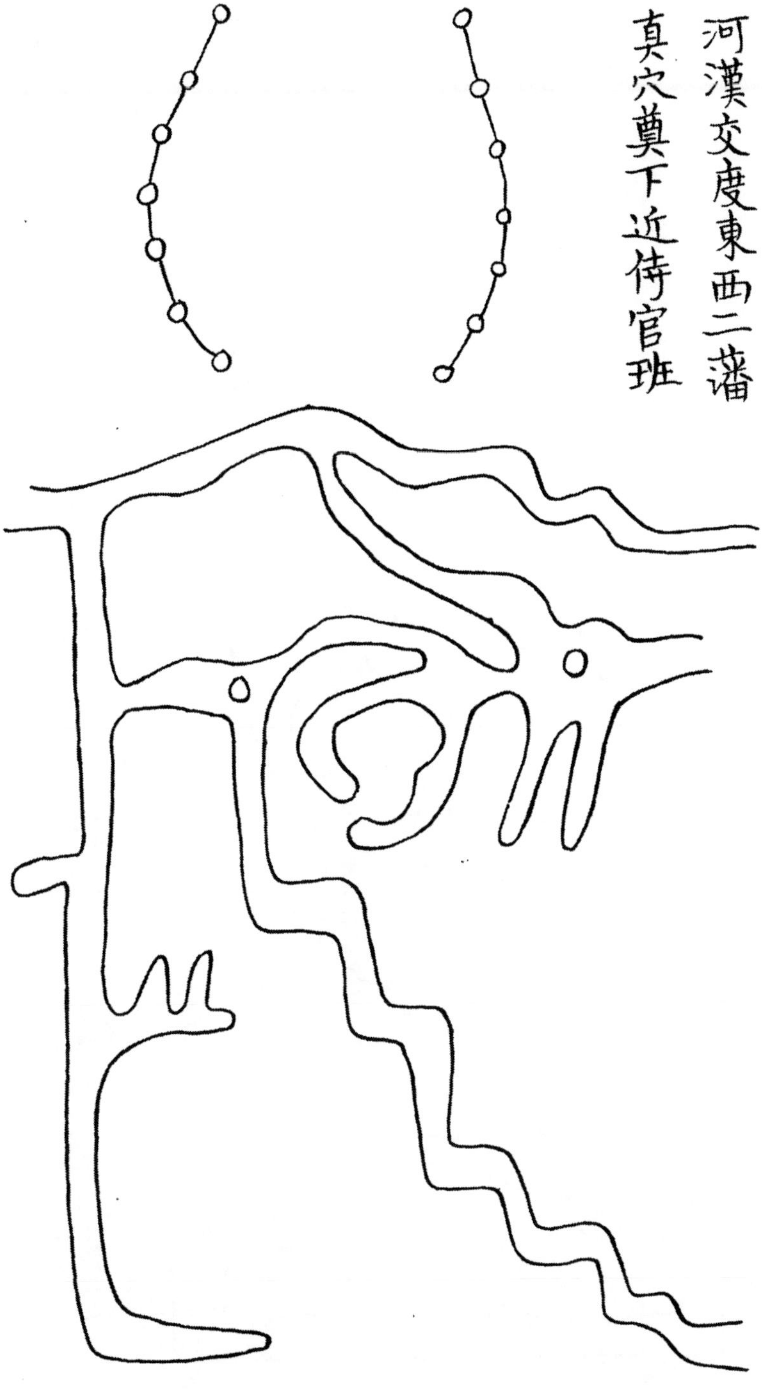

天府壎篪曜通天苑
穴点龙睛名揚翰苑

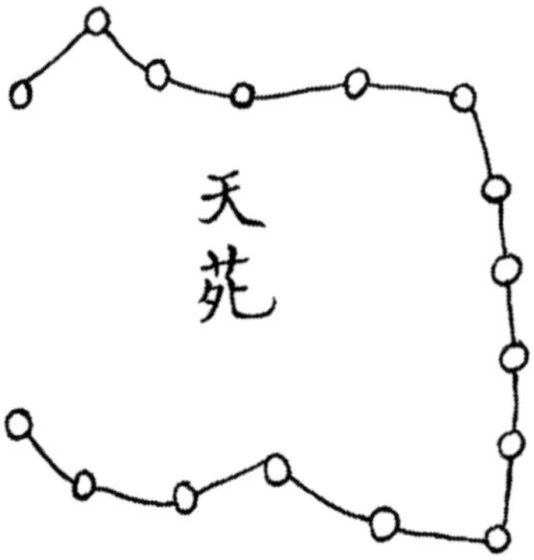

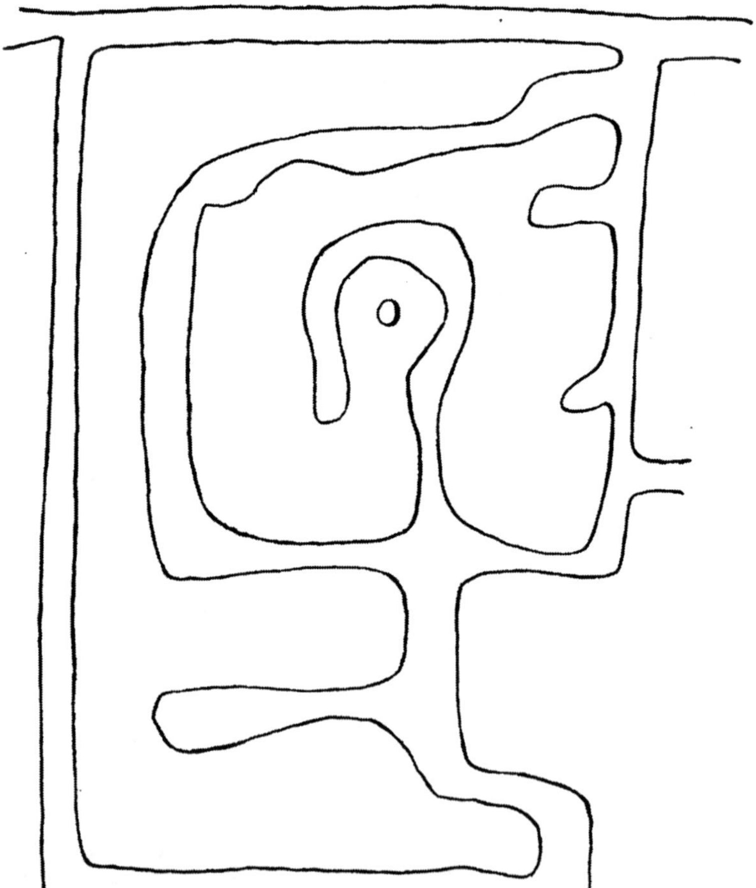

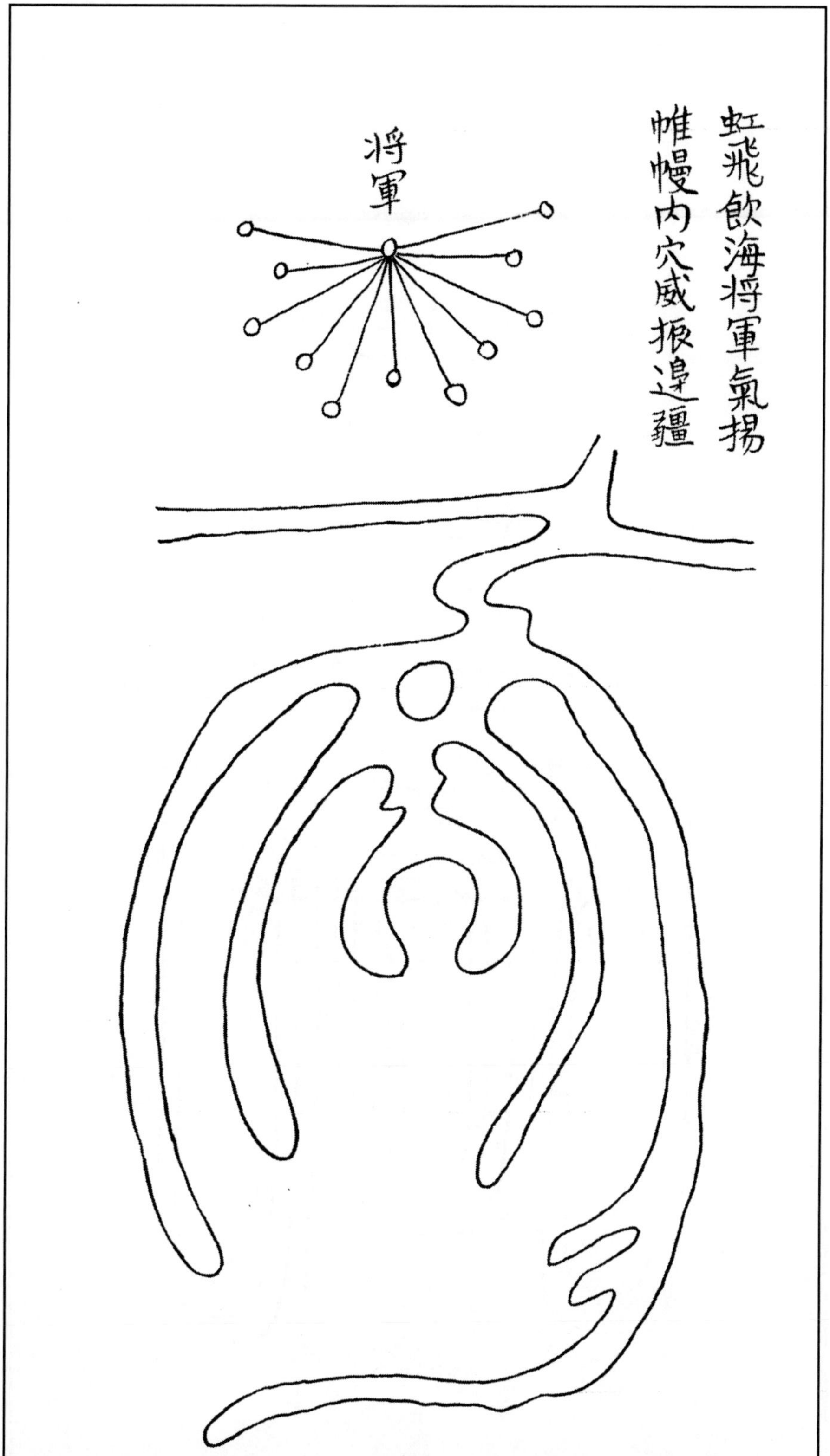
虹飛飲海将軍氣揚
帷幔內穴威振邊疆
将軍

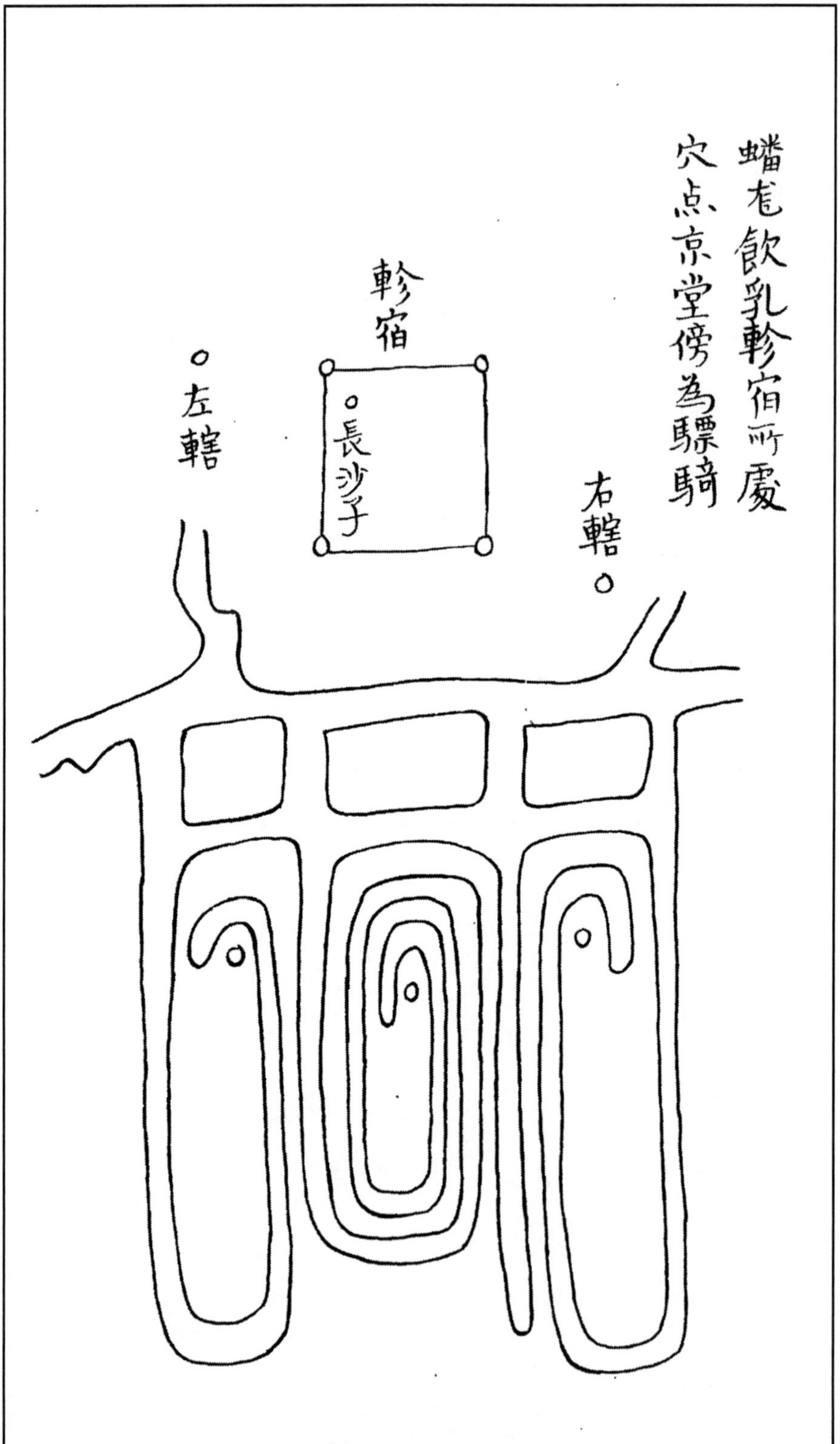
蟠龍飲乳軫宿所處
穴点京堂傍為驃騎
軫宿
長沙子
左轄
右轄

錦屏掛鏡上輝天錢
穴藏中宿主嬪貴賢

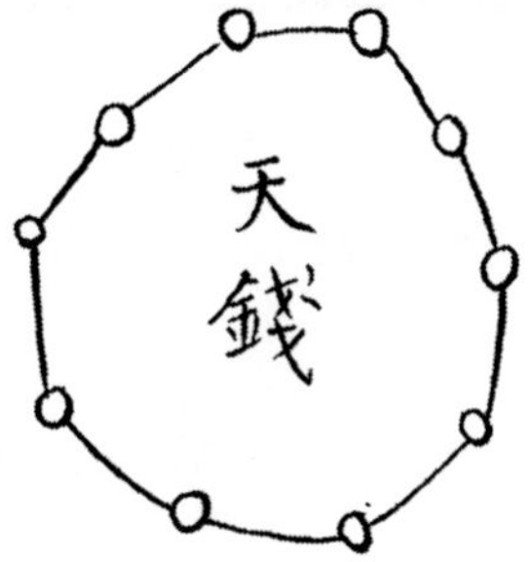

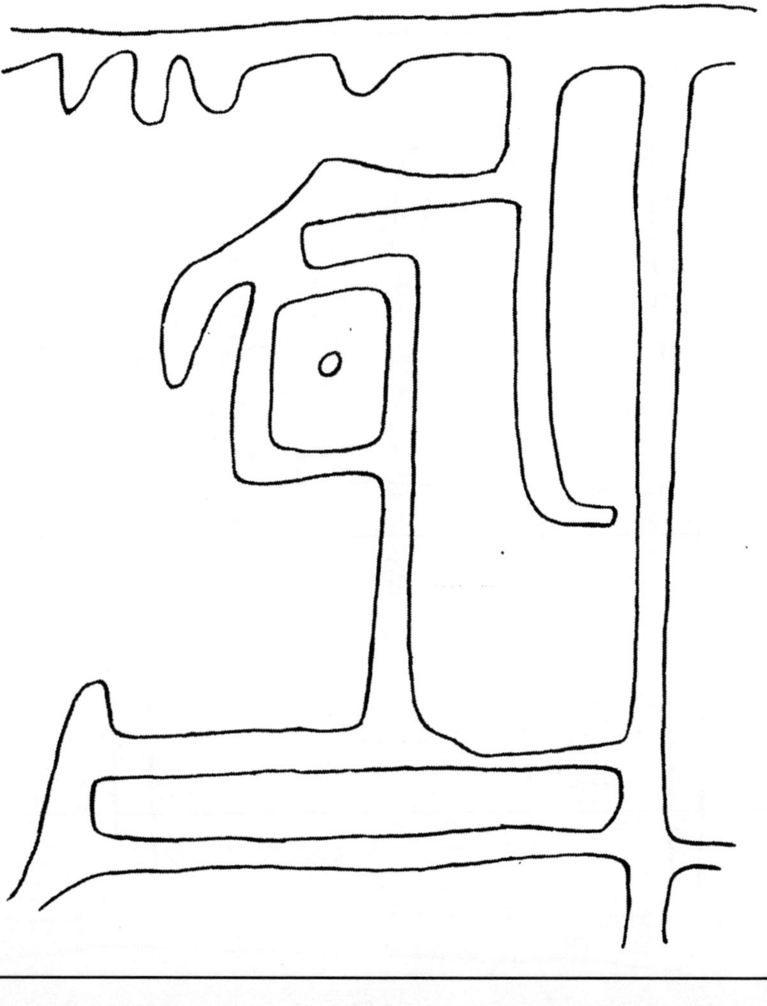

金勾掛月天鈎入垣
餌穴居內可釣顯官

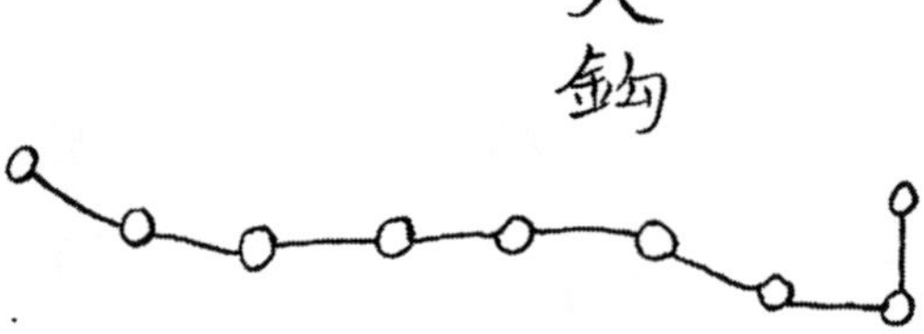

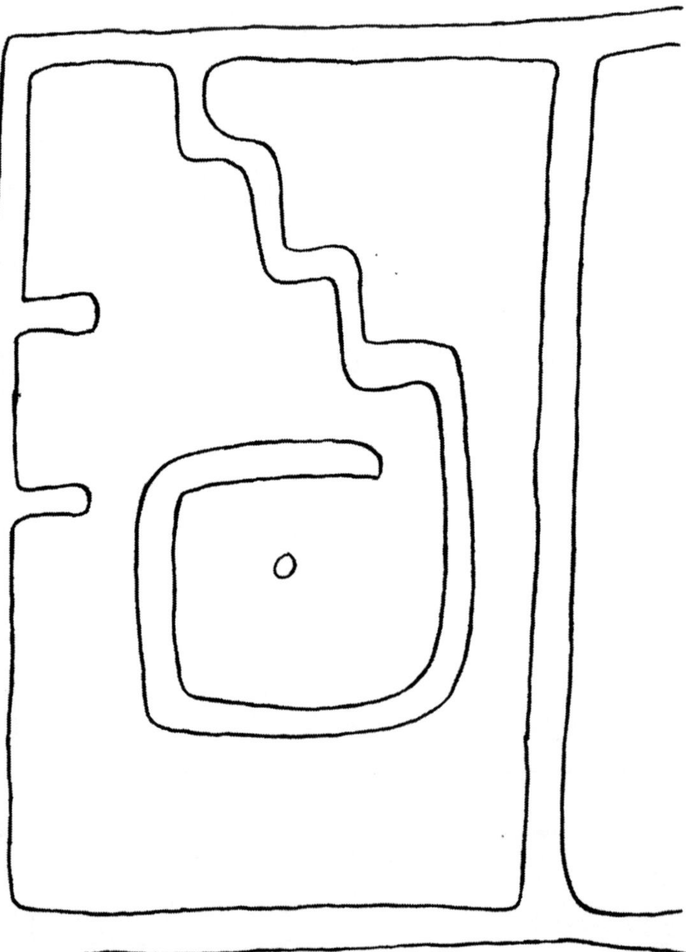

天衢献印漸臺乘應
穴從中轂貴碓百乘

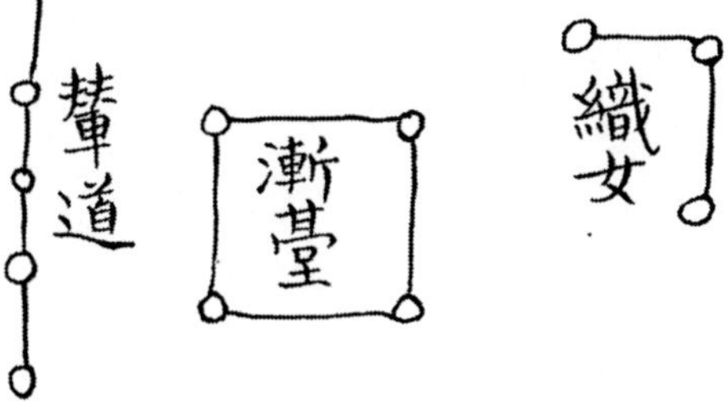

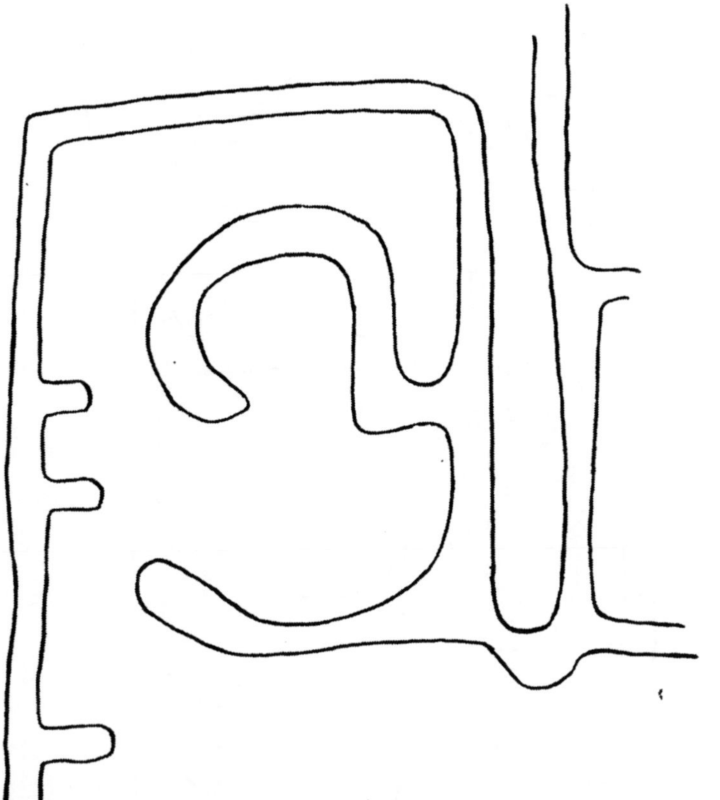

天厨玉膳天皇内厨
咢釜取穴珍羞胎胞

亀浮運影天黿暗照穴應蓮心者福之兆

瓊屏玉架上應五車
牙籤夾穴翰史榮華

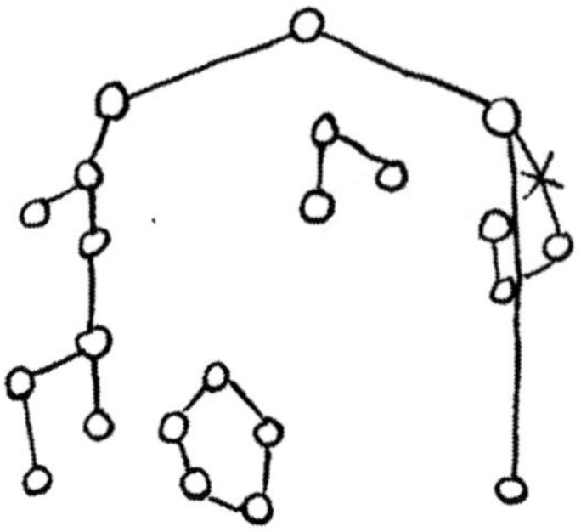

玉階五級翌宿所居
穴乘羽翰飛步天衢

翌宿

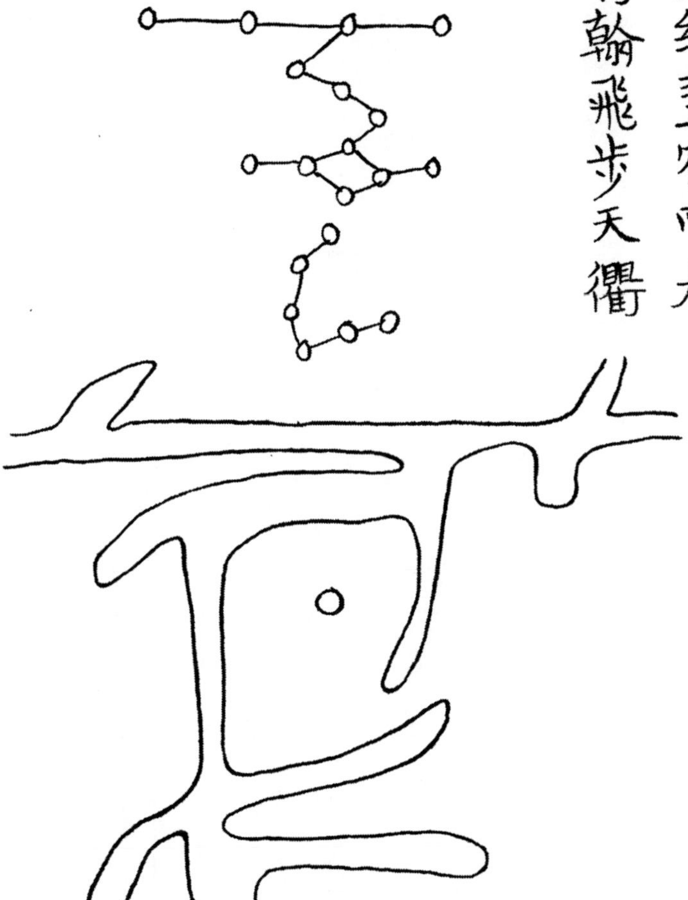

摱延結絲八魁聚靈
隐褥取穴錦繡聯英

八魁

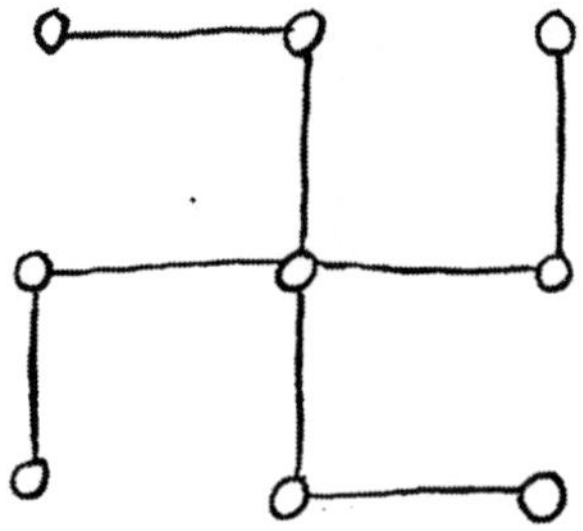

金璅瓊闌斗宿所藏穴轉西窩金資萬箱

玉堂文幕器府璘璘
福穴居内笙歌滿庭

器府

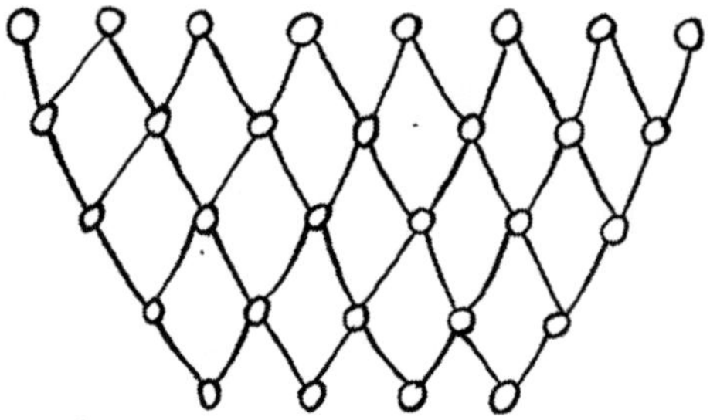

虬龍蟄首女床星列穴卧唇
簷肥遁賢哲

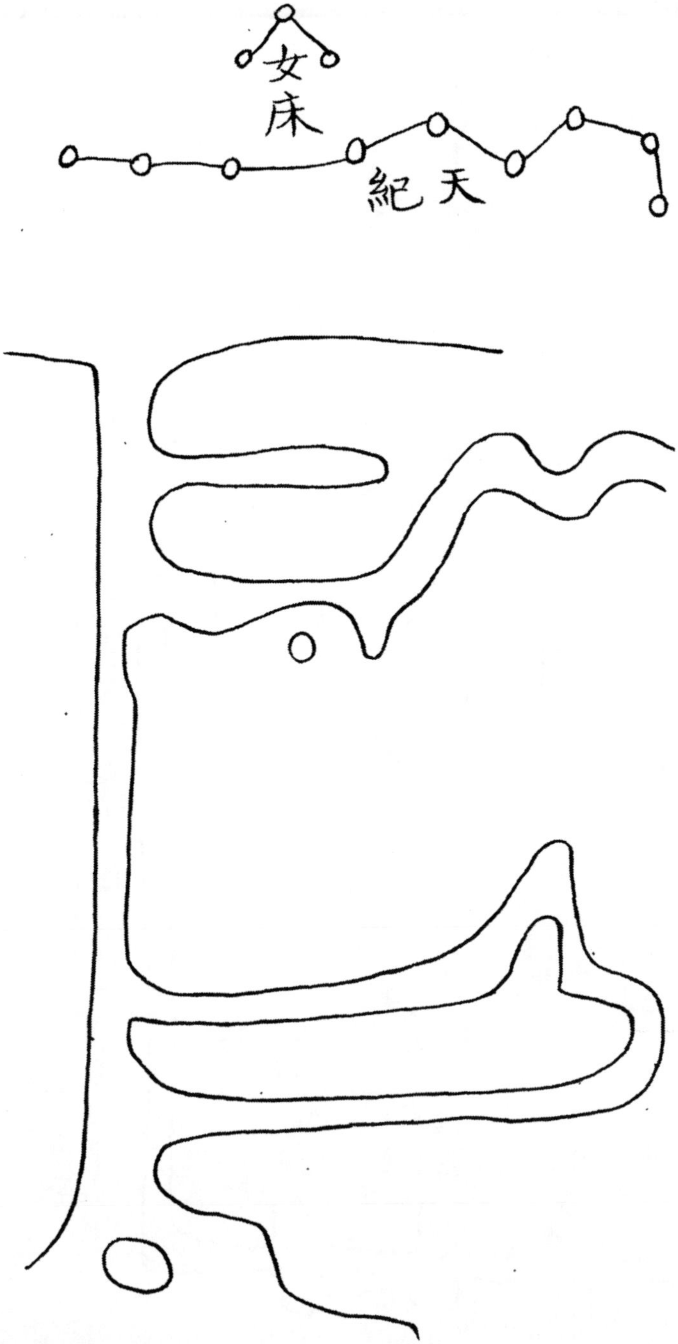

芳城秀行上配天田
葬居中央阡陌連綿

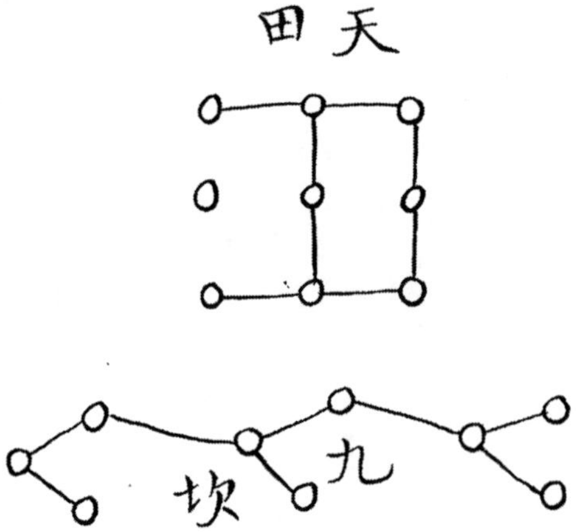

玉練纏天上應文曲
穴居剪裁補衮之職

金闕牙班庫樓森張
玉案作穴列爵鵷行

孚横九畹天廐
曜明穴点務眉
負扆揚名

陽河漪祿上應斗斛
穴鍾日精冢宰之福

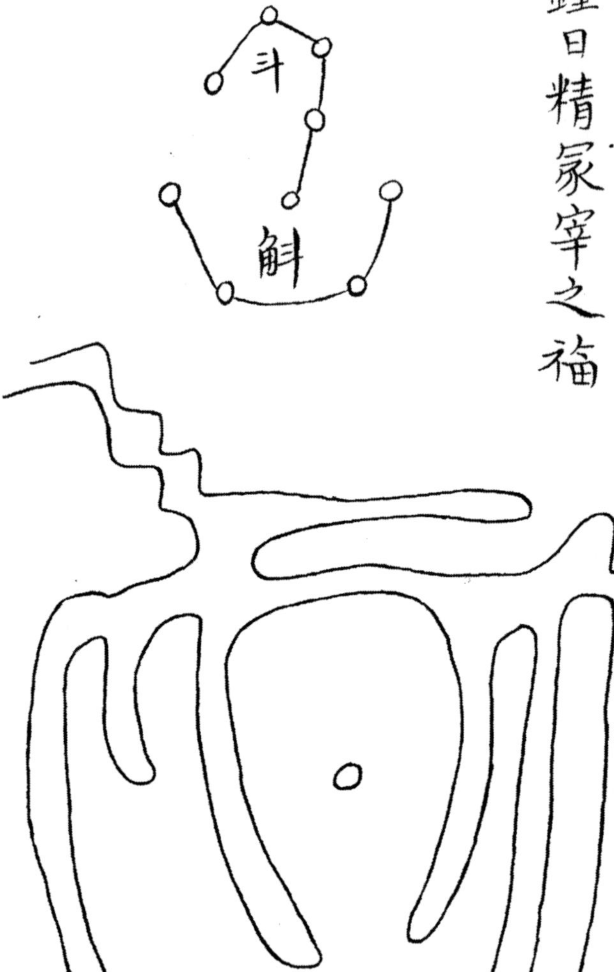

陽隰纏輝郎位疊〻
叅差点穴簪纓凡里

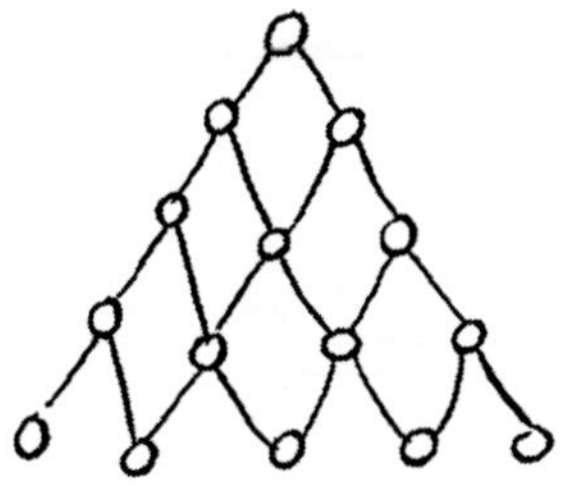

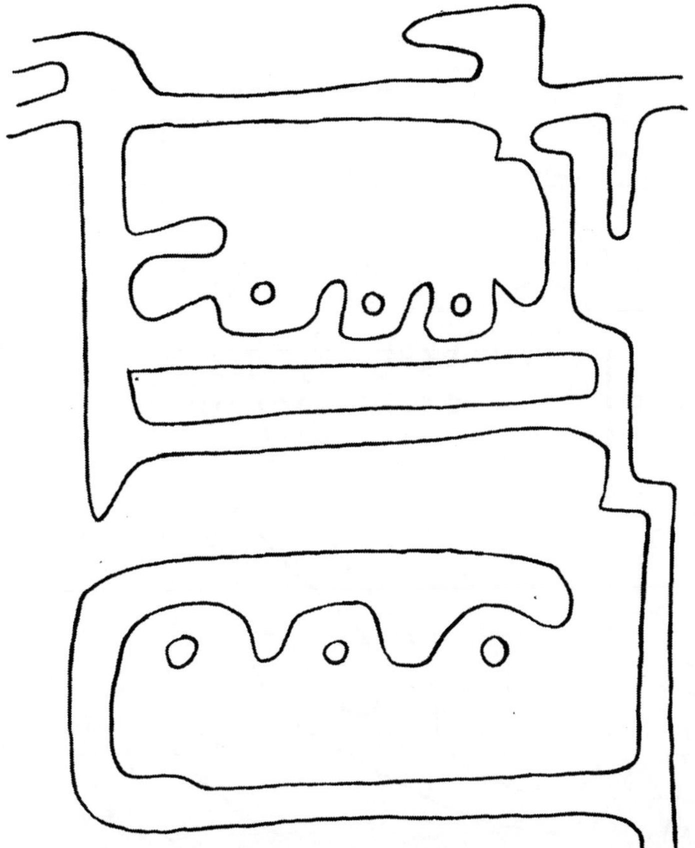

驥嘶掉尾左映旗星
英繫其頸陣上揚名

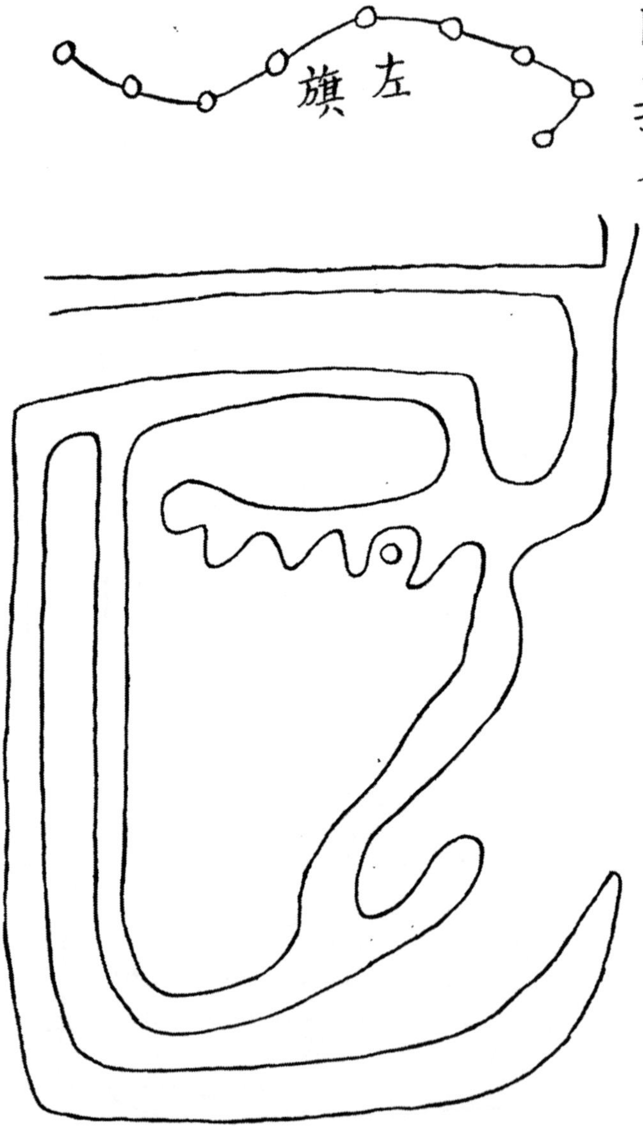

神龜拾蛤六甲奮光
穴居豐頬巒理陰陽

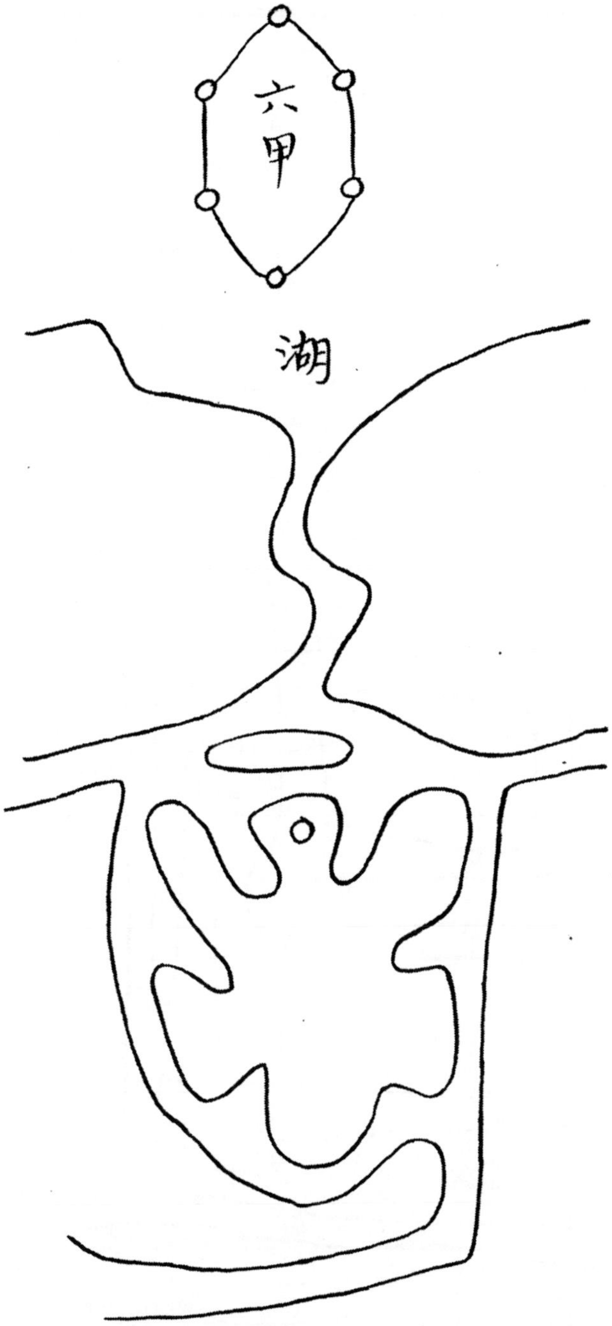

日月分精天庙顯星
葬陽御陰男女淒英

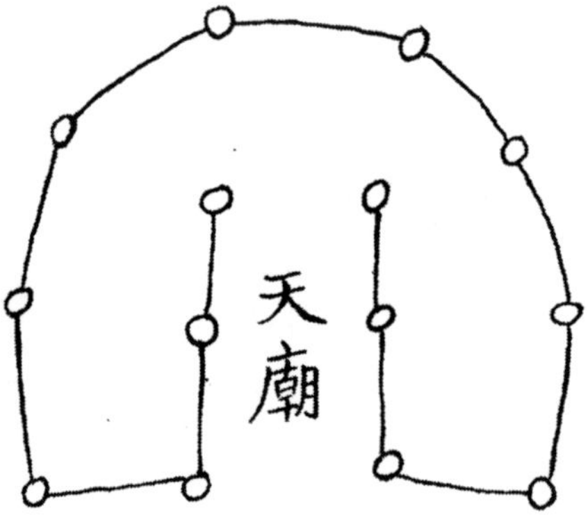

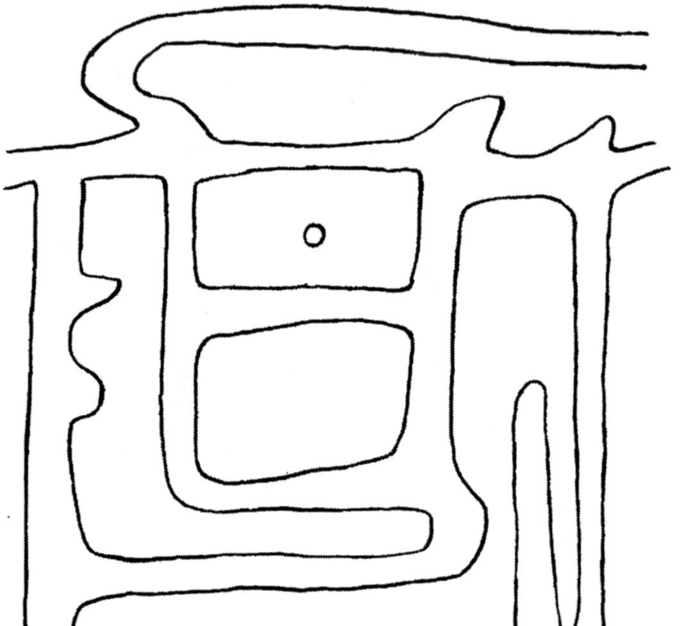

双虬聚英左右執法
穴齊端門功名顯達

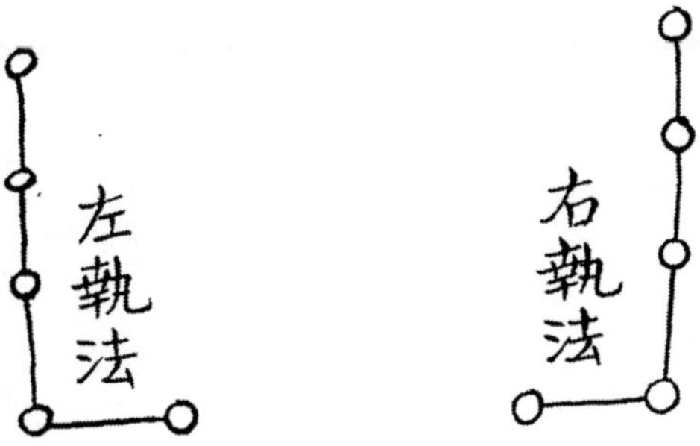

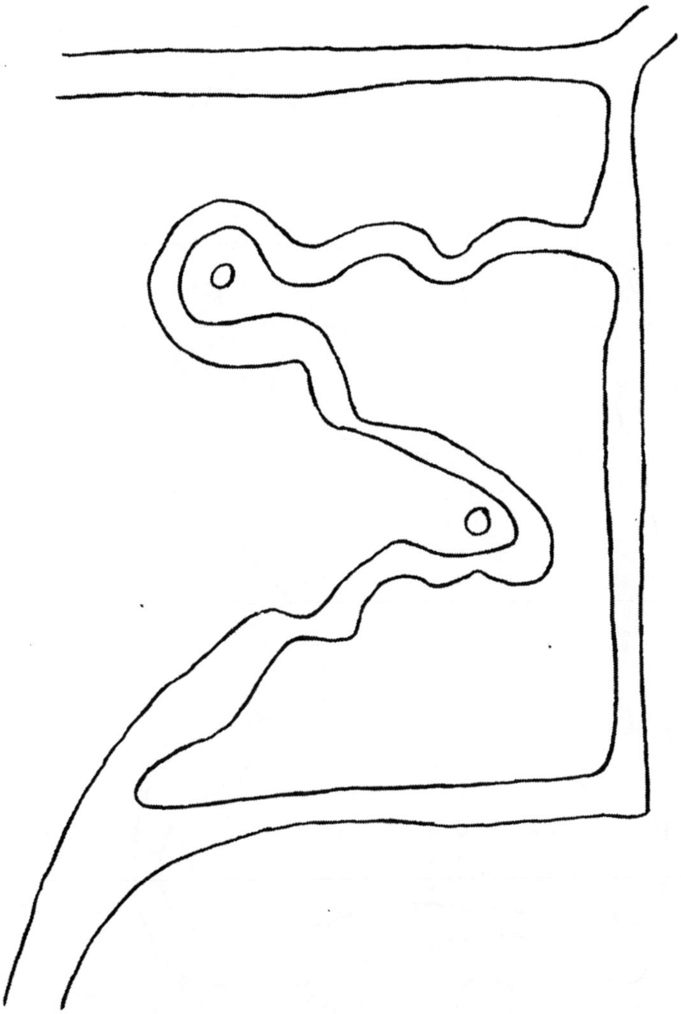

春蛟賽月蜿蜒臨湖
神宮取穴名顯皇都

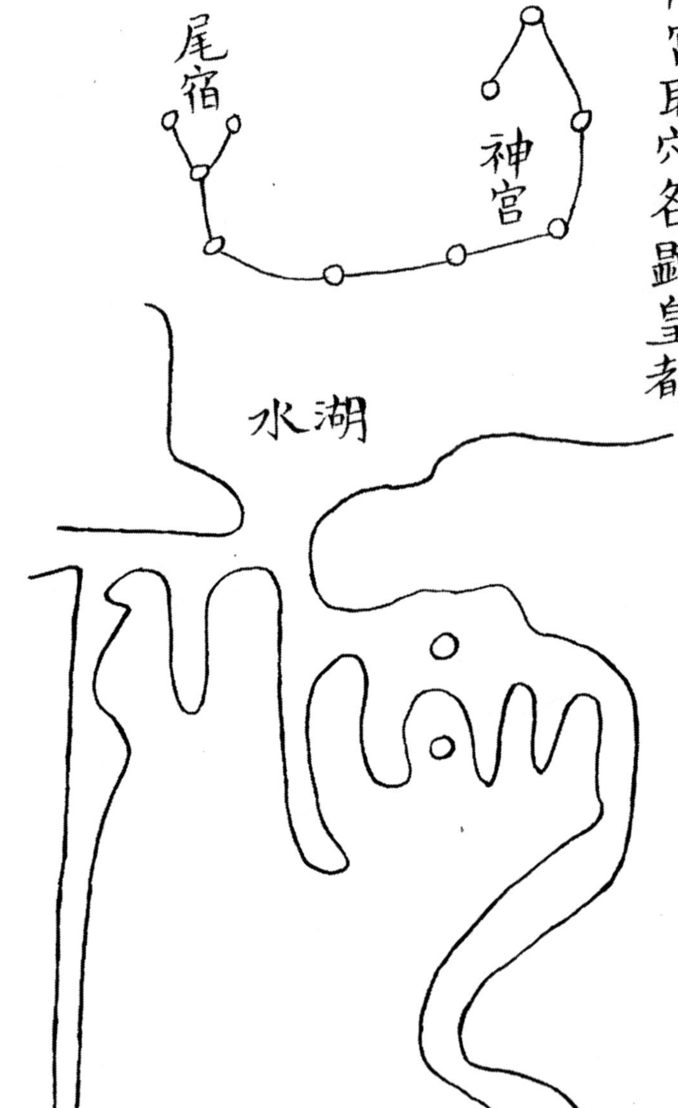

金盤出匣牛宿所臨
葬看点饌綺席華裀

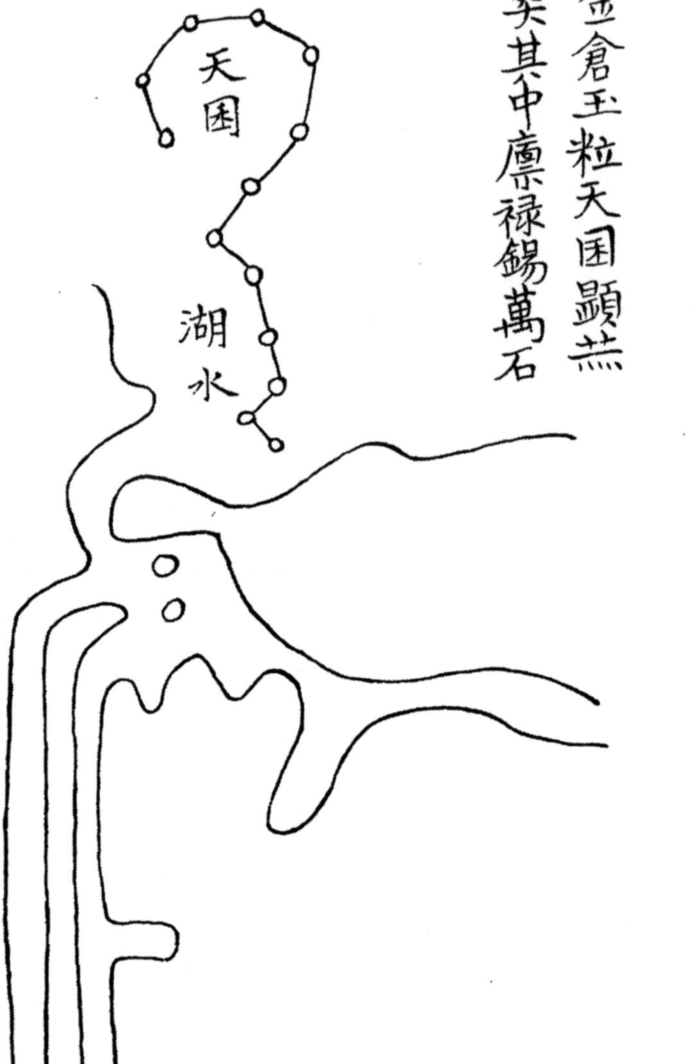

金倉玉粒天囷顯燕
葬其中廪祿錫萬石

玉女鋪床天床森照
駙馬儀賓穴居閫奧

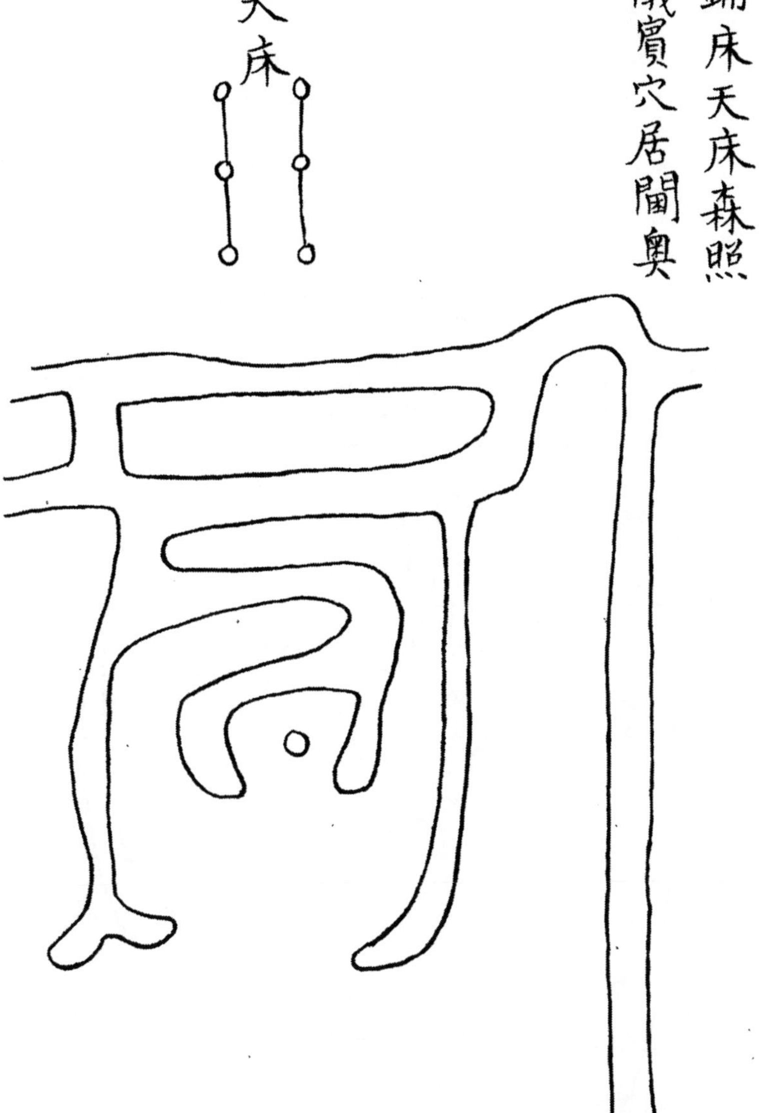

綉幄銀鈎天溷外屏
祠禱取穴御苑芳英

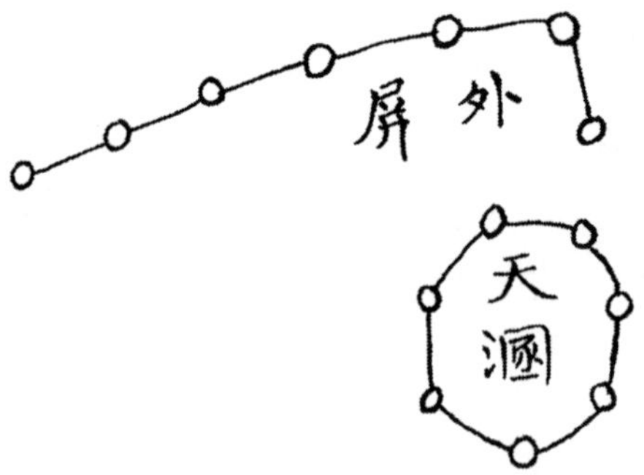

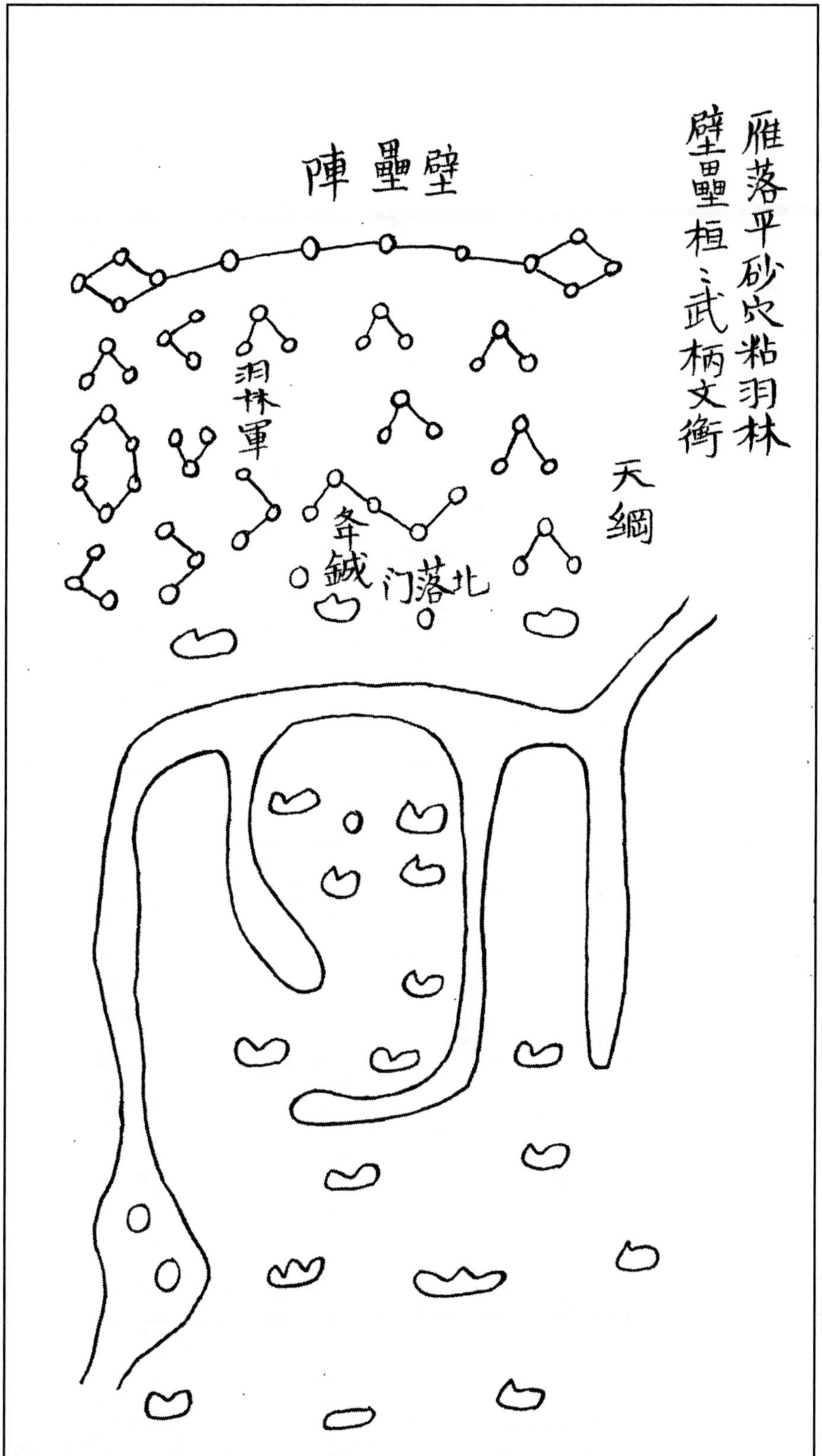
雁落平砂穴粘羽林
壁壘桓〻武柄文衡
壁壘陣
羽林軍
天綱
斧鉞
北落门

金蓮側露穴在花心
上臨積翠綂取千軍

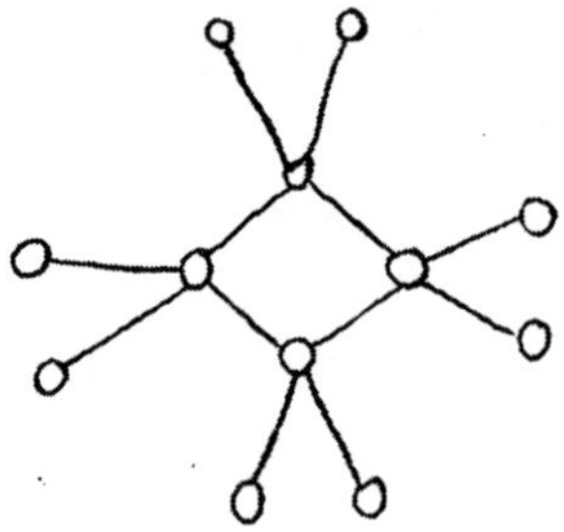

珠胎渦月天淵映輝
穴葬内地食祿瓊闈

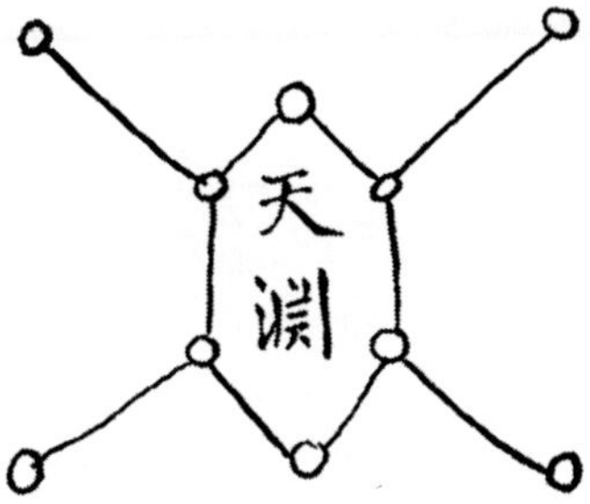

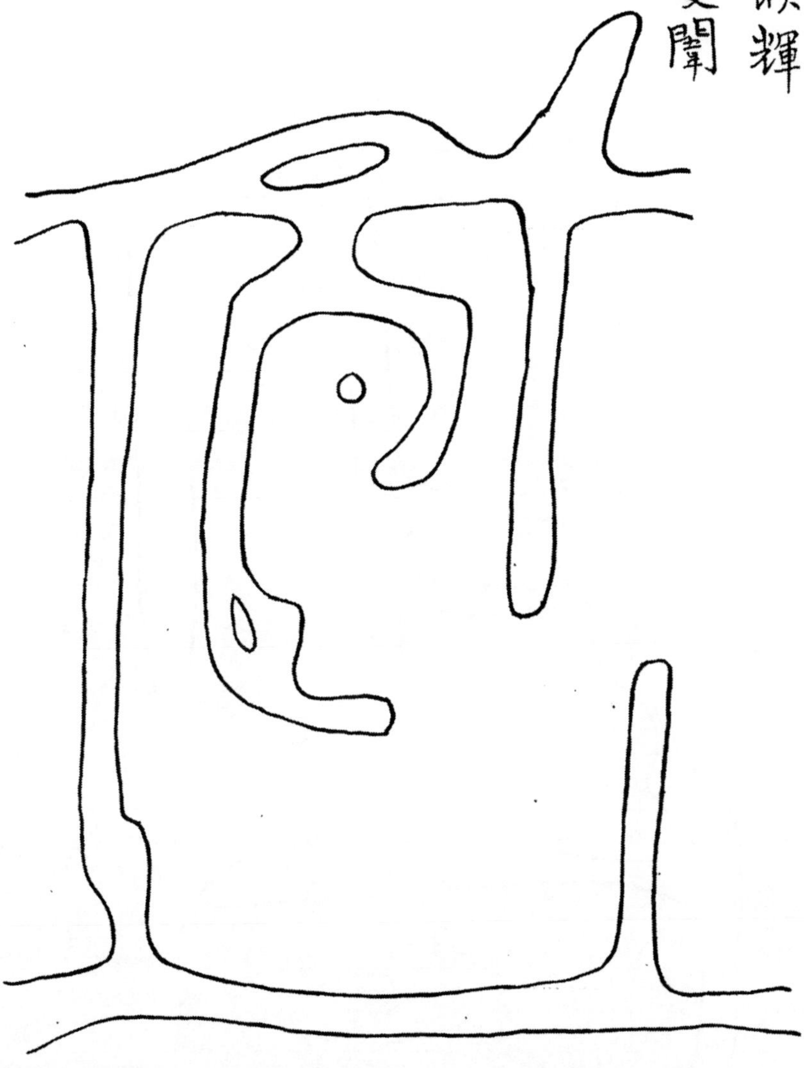

玉衡掛斗天倉顯文
柱史儲卿巽倚雲屏

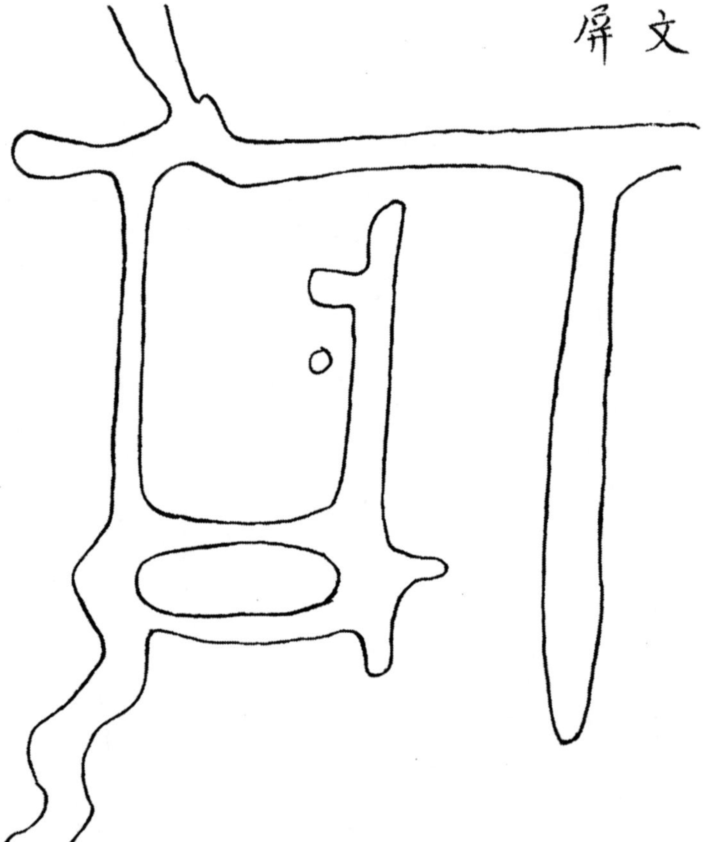

天樞地軸成名千里
穴居其中奎宿所履

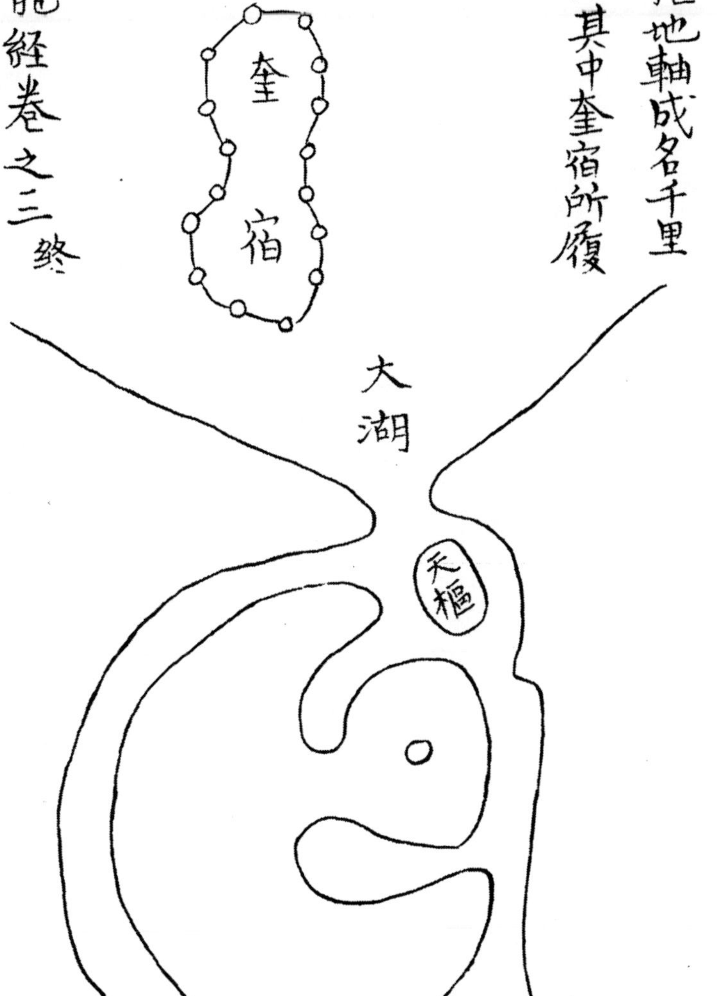

水龍經卷之二終

水龍經卷之四揔論

此卷專言水龍象形肖物之義與天星垣局厥旨相仝葢天有是星即地有是物水能象星即能象物此与玉髓真經指物論龍歸于一例原本亦云景純氏作其文不古比之星鈐有雅鄭之異屬後人之傳會無疑予最取其篇首山羣以山為龍水羣以水為龍二語為地理家千古開闢之論必非淺學之流所能庶几其餘文多粗率更多穿鑿畧之可也又云水口交鎖織結雖順亦吉局内穿割箭射縱逆何庸允哉通達之識若採其圖局則草尾露珠双龍風感入懷諸格可謂深淂水龍微妙作法而乱中取聚則又裁穴

机確乎不易之至論也夫唱形点穴予于山龍極論其非豈茲水龍反取其説要亦因文節取讀者貴有変通亦緣世人論平洋者指示形局專取地之形為形而不知水之形為形故愽揀其義以破世迷純乎一家之正論云尔 大鴻氏筆記

水龍經卷之四

晉郭景純 著

宋 韓國公趙著 訂

明 誠意伯劉基 閱

山羣以山為龍水羣以水為龍三吳諸郡江楚二省枝浜交流一圩之地不過里許前賢謂以水為龍正此處也相水認勢葬得其穴富貴悠久經云江淮大地無龍虎渺渺歸何處東西只把水為龍葬了發三公萬里無山英雄迭出其貴在水揔是浙閩多山之地一離山脉㸃作水局至于蘇松之地近海通潮六時潮來六時潮去來口便是去口去口便是來口兩頭交媾為交精潮退兩分

為乳蔭妙処在乎潭漩生活喜其之玄潭漩聚精神百倍之玄現
変化無窮屈曲来朝不論大河小澗遠流曲抱無分江海池塘經
云地道劉秉神変化衆流聚処引玄机小水聚多而愈妙直流總
大不為奇内直外勾多巧結内勾外直枉劳心横遇抱身為抱局
對面曲朝是迎神進局入懷要两邉之抱應流来入股須四畔以
色藏前後特秀郎為華蓋附身交合便是金魚両水合局是朝堂
二派交流為合脚六建四邉皆護衛三陽當面似趋迎金魚腰帶
抱我灣環弓局天虹當面大抱上下水朝號作雌雄両感統身方
正郎為華蓋幞頭褁局枝浜奇特随手榮華穿珠垂乳源頭郎時

富貴獻誥水英雄三世藏秀局富貴千秋又股無纏而驟發迎神
淂秀以綿長四龍戲珠大富大貴四圍環抱悠久無疆交劍合流
生武職催官盤繞出文臣左右仙宮俱富貴蓮花垂仰定陰陽勢
若踢毬須淂趋形如飛鳳翼宜長仙掌撫琴登甲第卷簾殿試耀
巍科一水曲小盤蛇局兩浜正抱是開弓美女獻羞生秀氣排衙
形局出官僚太極二源真秀貴蜈蚣百足產英雄蝦局富而雄豪
金城貴而悠久高朝局大則出姓蟠花形一發便休草露擎垂取
尾露薄則出姓絕嗣順風船在居中船大則榮華富貴順水捲簾
而入贅舞旗腳轉始堪裁風水羅帶發福遲而綿長伏蔭金魚先

富饒而後貴揷花垂帶衣食從容進局入懷享福悠久金勾宜轉
脚朝元要水多褁局濶大而不巧交牙緊夾而有情曰字局有言
凶鞋城格分真偽盤龍局勢盤中取虹食彩霞聚處尋擎傘水扦
垂尾龟紋局取中尋双龍戲感合陰陽一水垂絲鈎裏取四水歸
朝防散乱聚堂旺局忌乘風砂水相關真妙局回龍顧祖巧形模
勢有排衙褁局生蛇朝聚多情蛛絲聚布聚處安扦重抱盤旋水
多愈妙中軍垂乳有外抱而財禄荣昌日土聚堂潟秀朝則景科貴
顯四勢不流元氣聚灣弓一抱福天然横官龍形生顯貴借合穿
龍發財源出水蓮巧而生秀流帶局活動為荣蓮花局取緊小垂

節勢欲多技生蕋靈芝蕋多為妙丘原轉結衆聚寂奇來長去短
福蔭無疆射脇穿心凶禍立至大抵來宜屈曲去宜之玄急流者
易于興敗凝静者福壽綿長水口交鎖織結雖順亦吉局内穿割
箭射總逆為凶此等水法理致最微不特知之者鮮而詳之者亦
少矣

水龍經卷之四

六建格　出神童狀元宰相

迎神水局　出神童狀元

金魚腰帶格

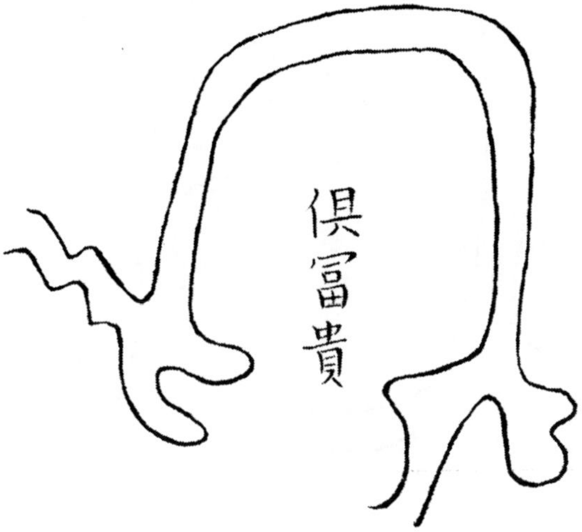

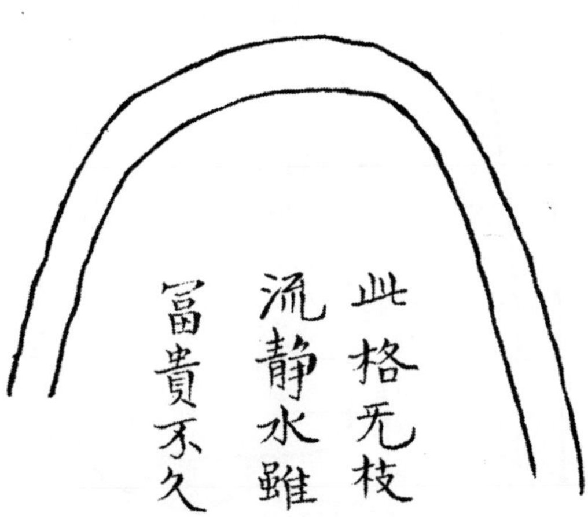

弓局格

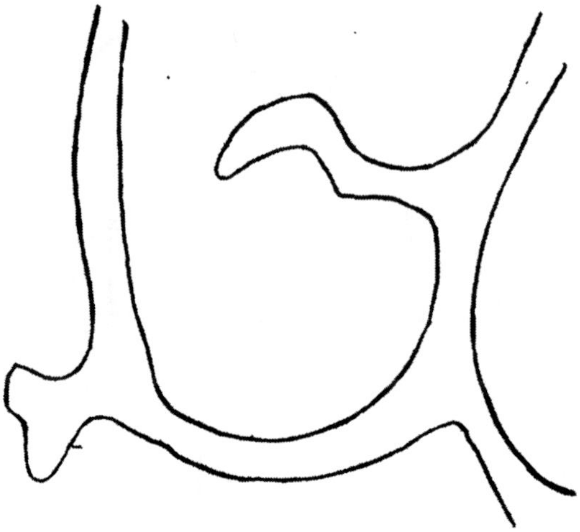

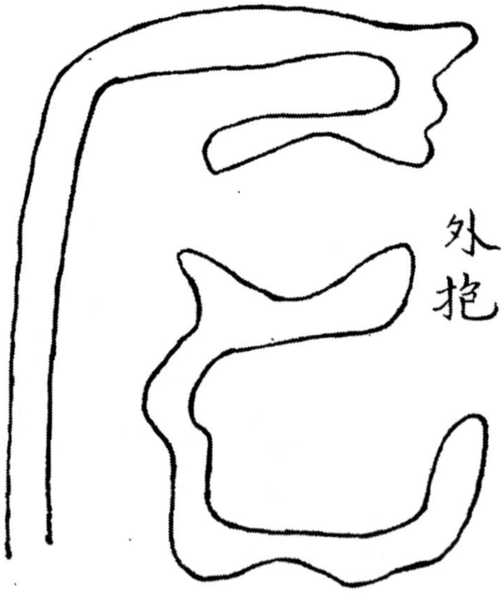

入懷格

北壯華蓋出文武
全才

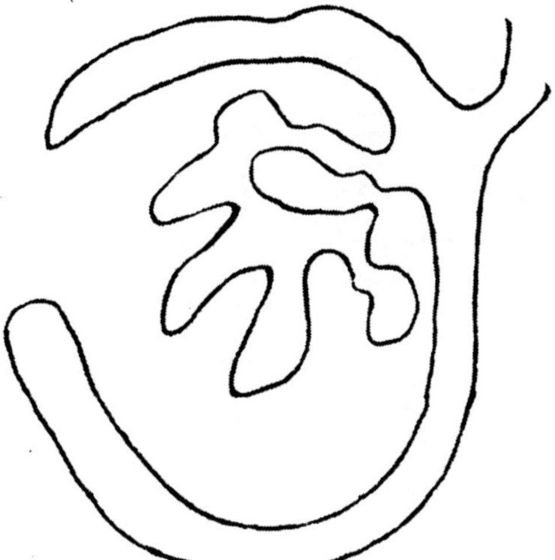

乱中取聚格

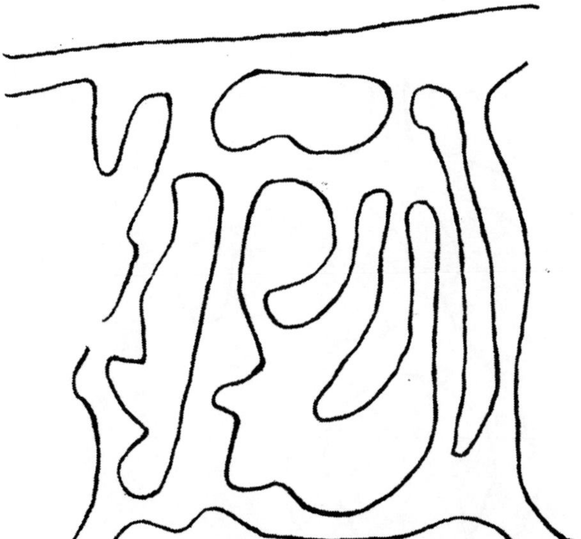

献誥格

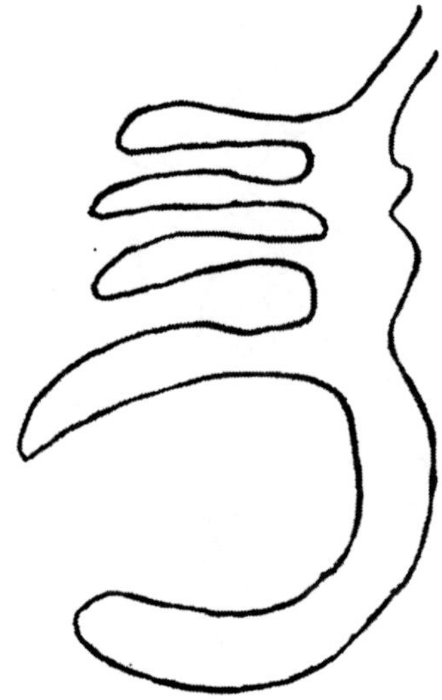

穿珠垂乳格

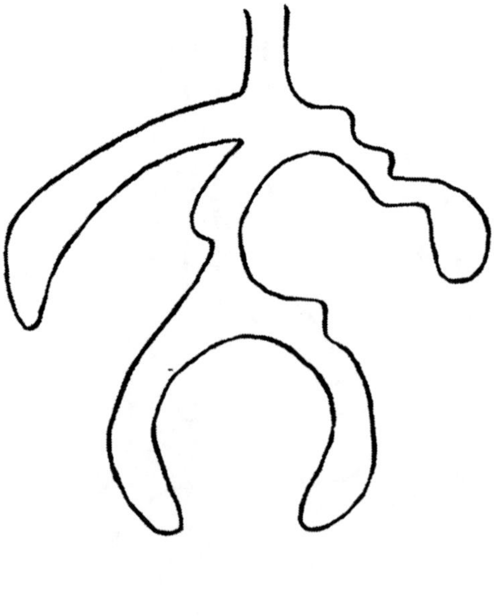

四龟戲珠格

交劍格 出元戎

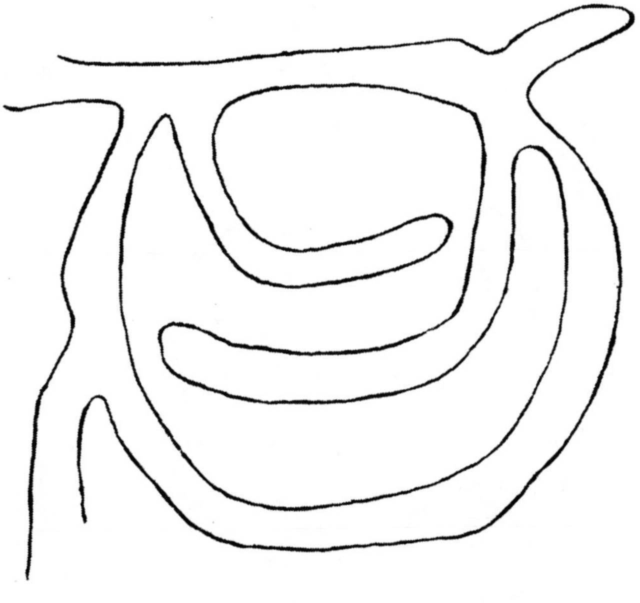

雌雄感秀格

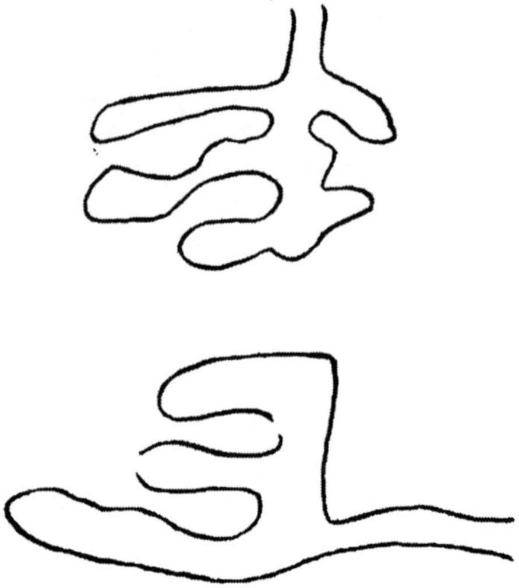

裹局格

幞頭華蓋格

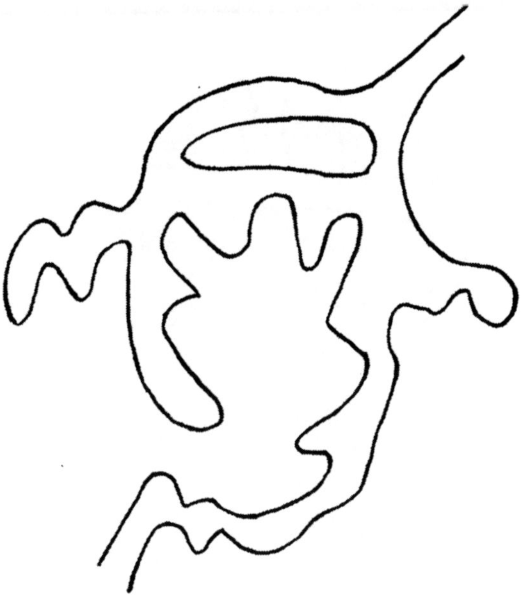

藏秀格

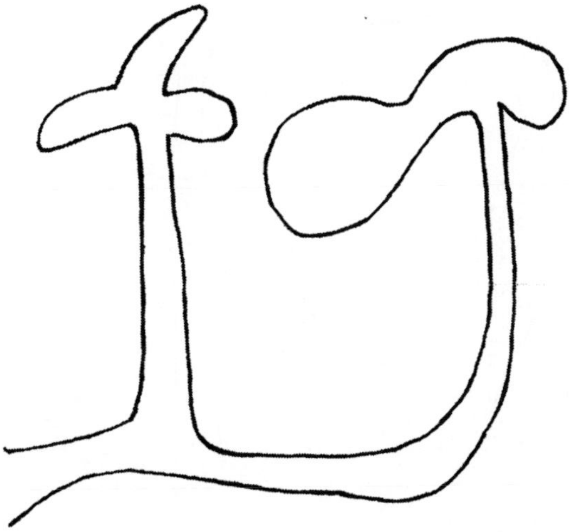

催官格

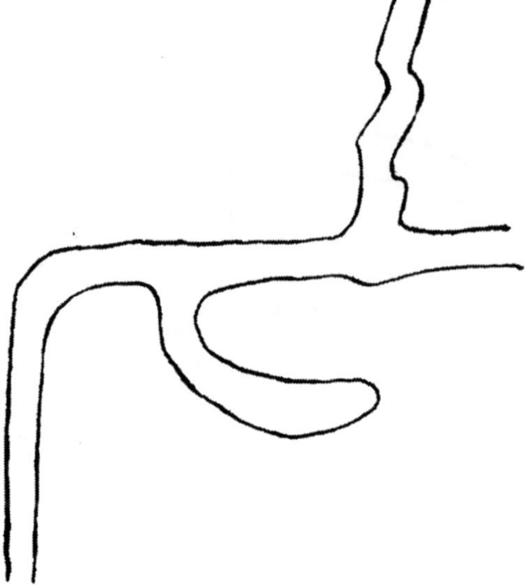

踢毬格

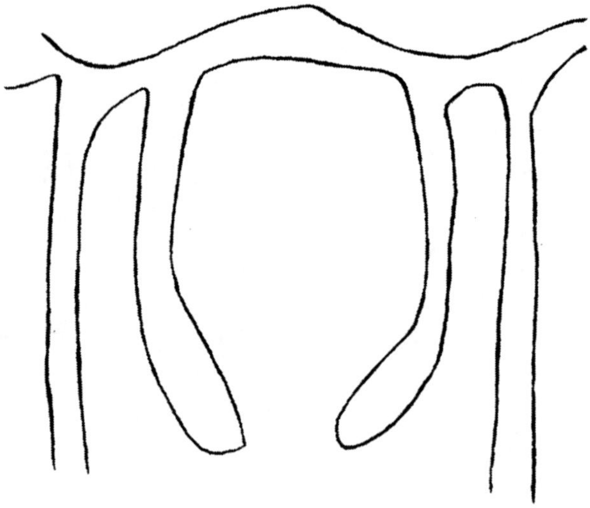

仙掌撫琴格

左仙宮

右仙宮

飛鳳格

開弓格

垂蓮格

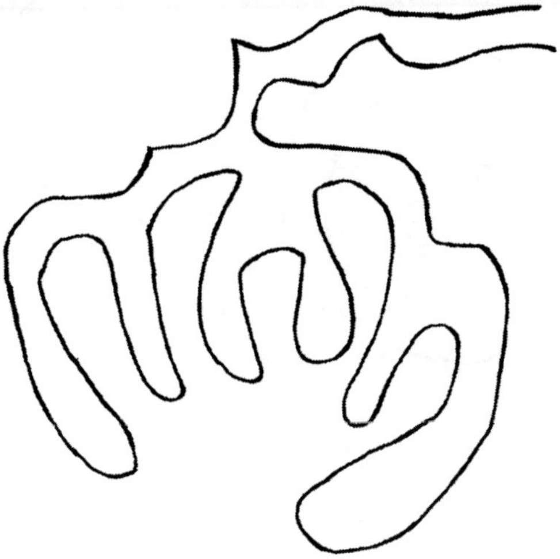

仰蓮格

盤蛇格

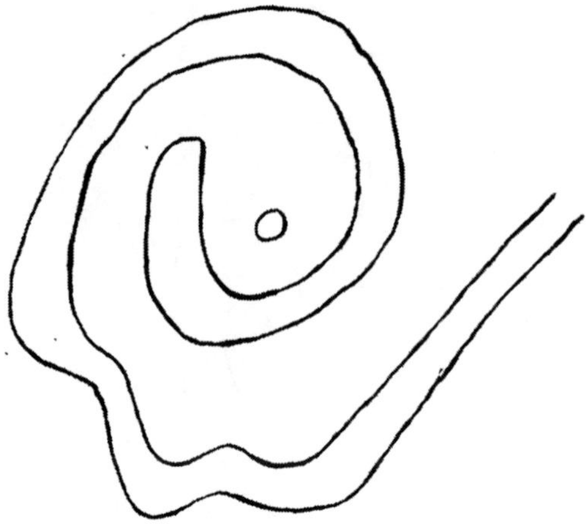

蝦局格

排衙格

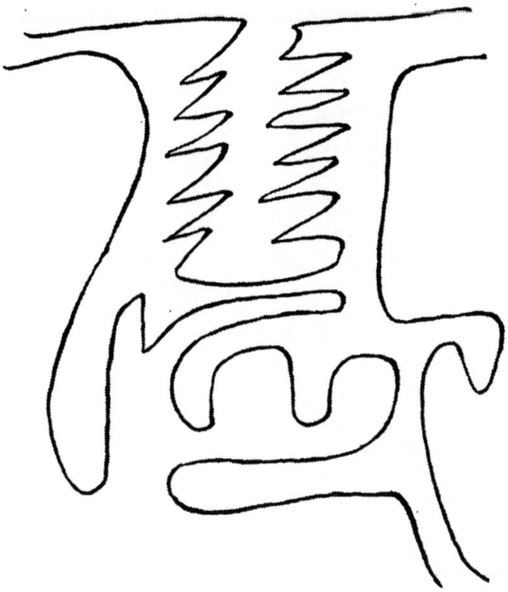

太極格

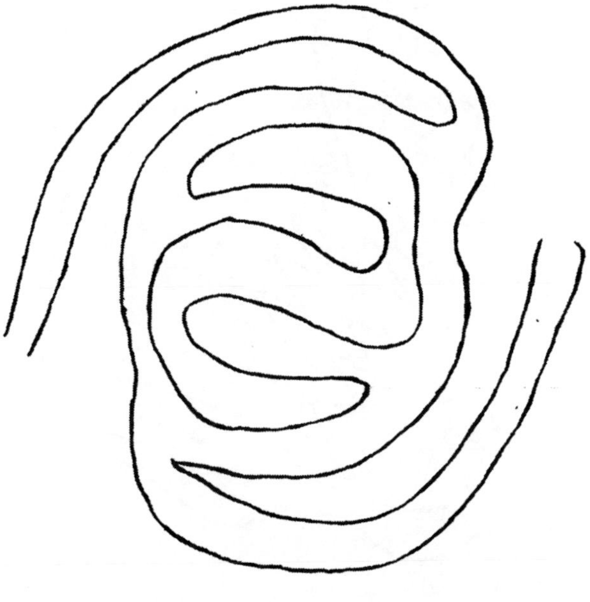

美女献羞格

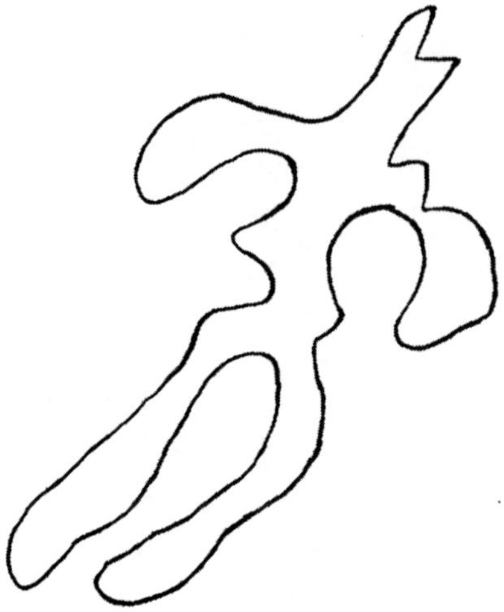

蜈蚣鉗格

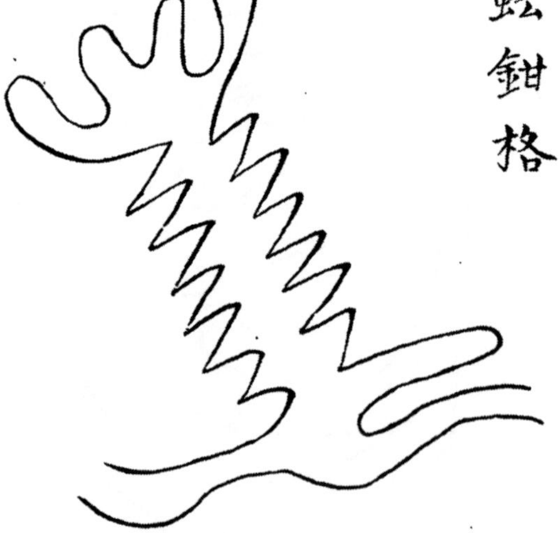

伏蔭金魚格

乂股格

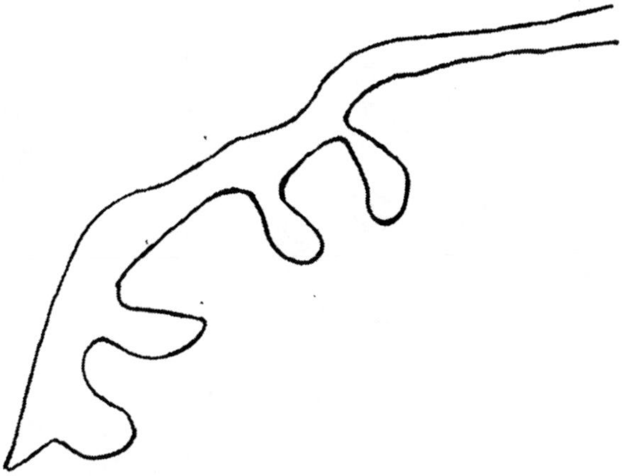

双龟戲感格

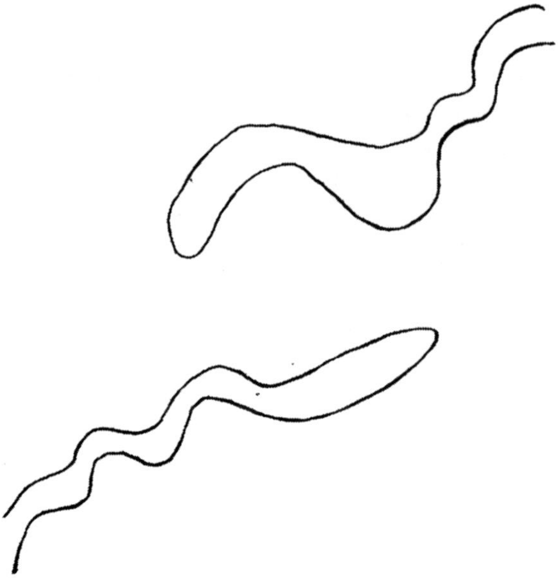

插花格

流帶格

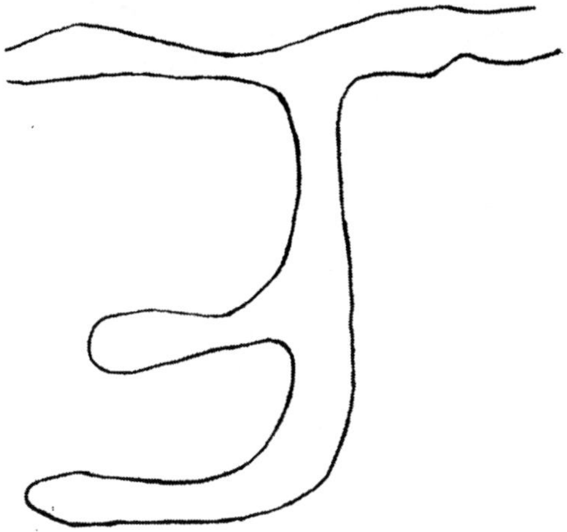

風吹羅帶格

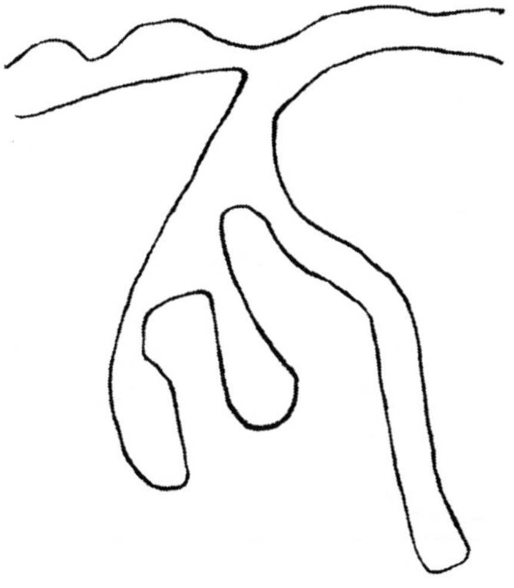

金勾格

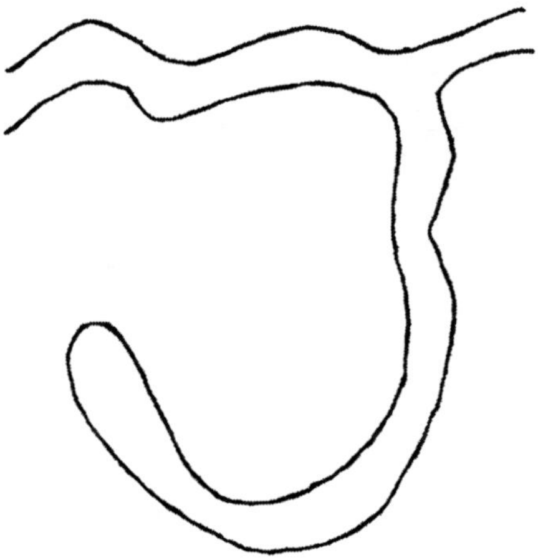

雙勾格

進局抱懷格

草尾垂露格

飛旛舞旗格

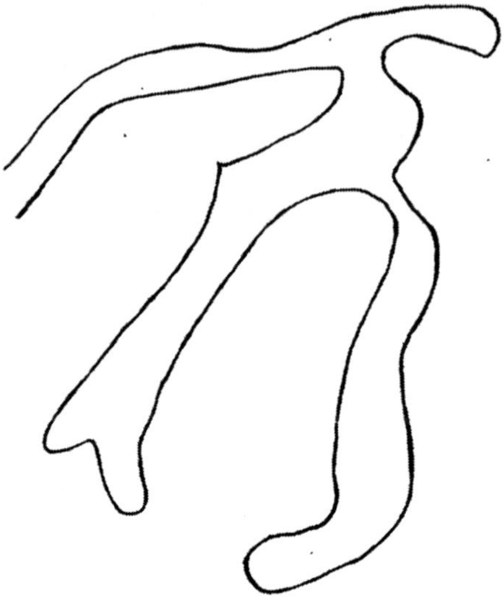

鞋城格

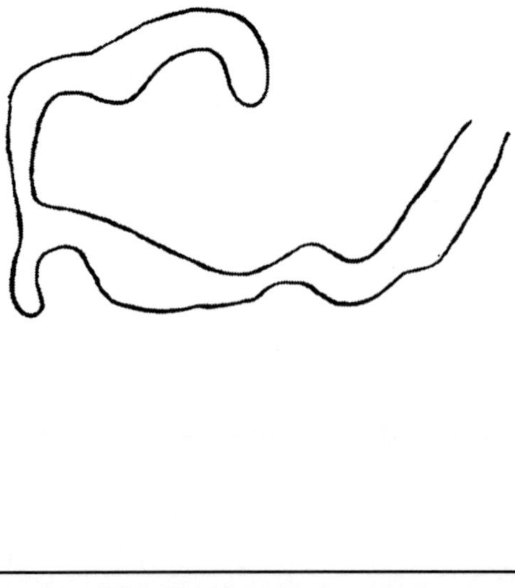

曰字減格

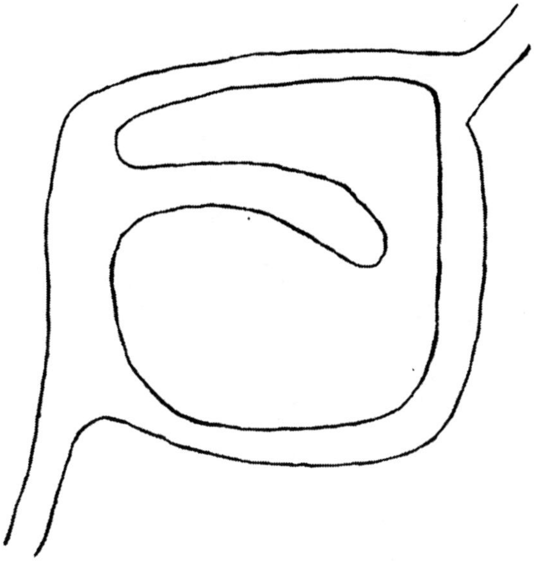

捲簾殿試格

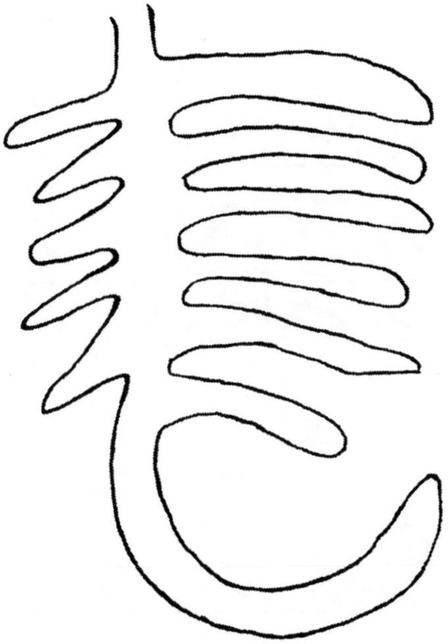

順風船

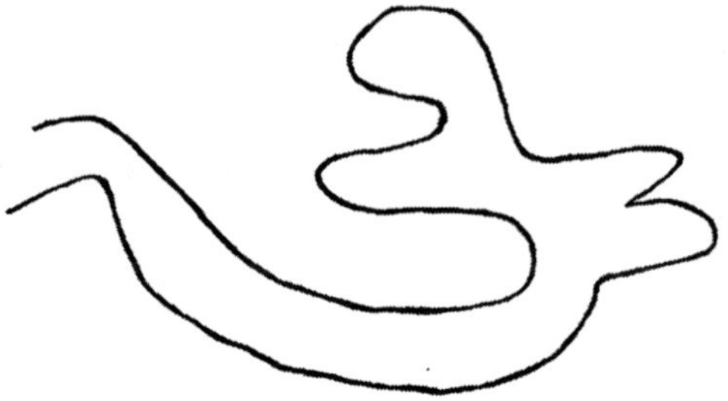

灣弓一抱格

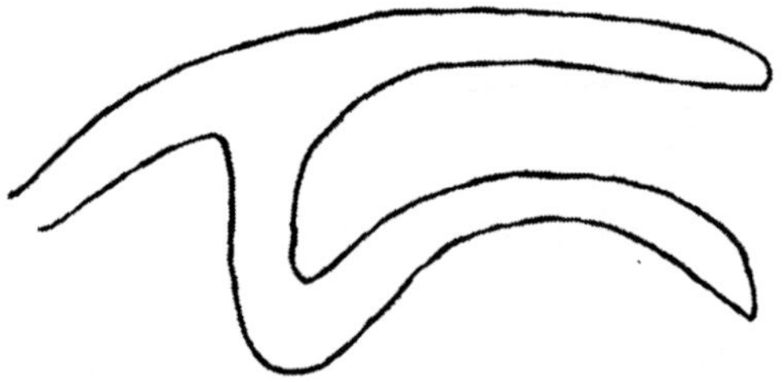

四龍頓祖格亦曰朝元格

聚堂旺局格

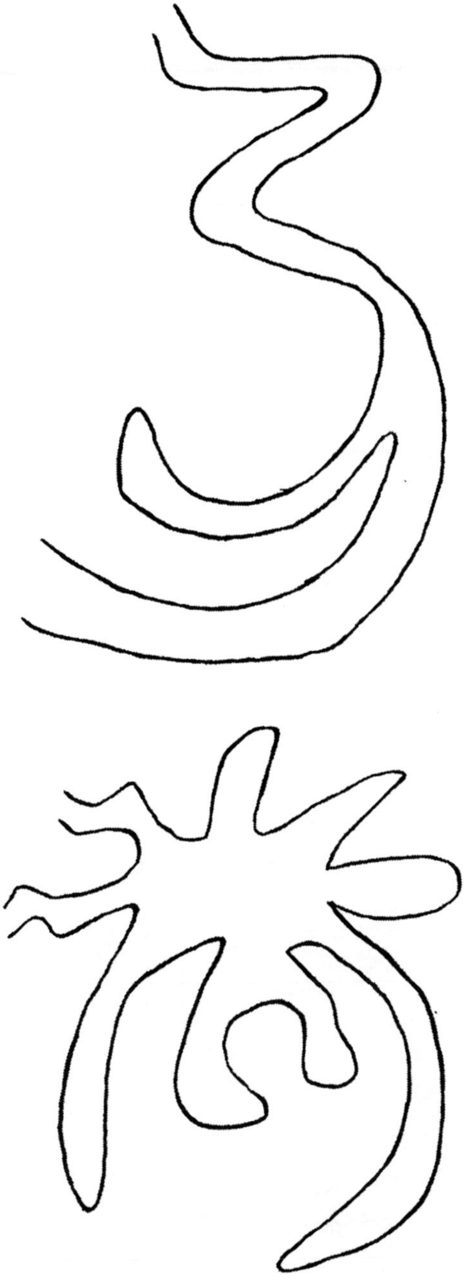

中軍垂乳格

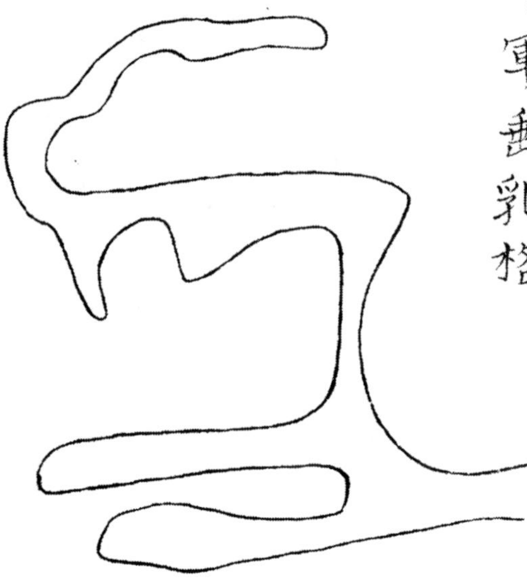

土宿聚堂格

垂節格

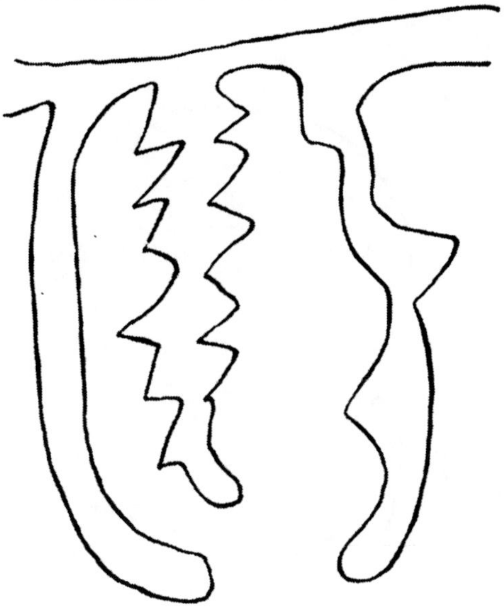

生蕋雲芝格

橫官龍格

盤龍格

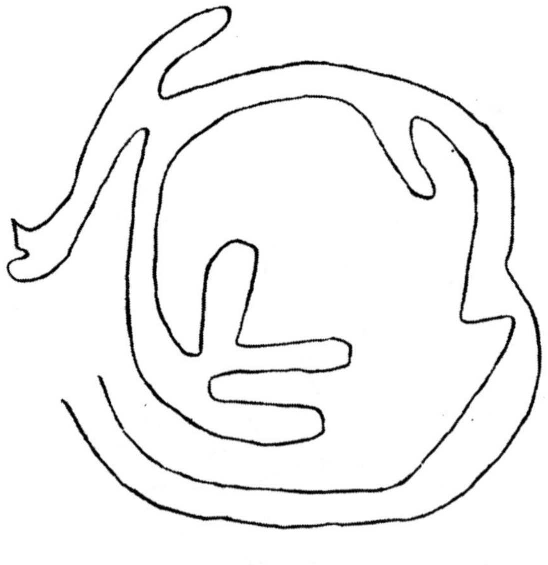

虹食彩霞格

擎傘格

旛花格

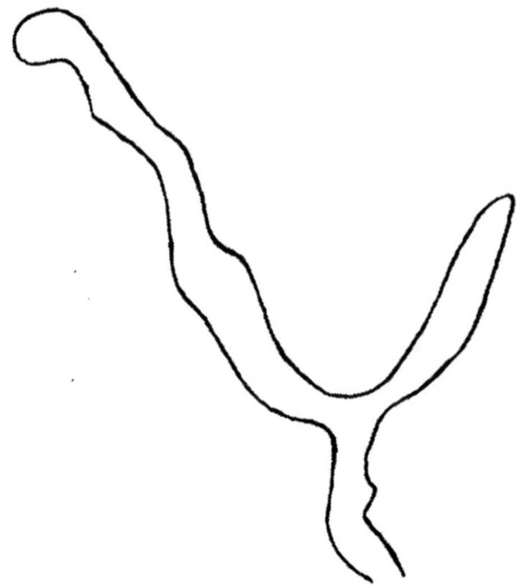

朝元格

以上形體圓者為金城曲者為水城方者為土城直者為木城
俱冨貴之格惟火城尖利煞重不受穴

水龍經卷之四終

水龍經卷之五小序

地理之書真偽雜揉山龍猶有善本平洋隻字不傳世本紛紛類皆不知妄作俗士罔察謬以高山龍法與平地全論遂使安坟立宅盡失其宜中挌合符百無一遇固天机之秘惜亦俗術之悞人覩此茫茫可勝悲惋余自得無極真傳洞悉高山平夷陰陽二宅秘旨曾有水龍一書藏之名山未敢輕泄人世庚子春偕我友余曉宗遍全郡卸子客有以水龍一卷見示與余所藏大全小異披覽之餘深歎暮講文成三百年絕學亦有從推測中得其梗槩者其書不知何人所著考其年次應在 神廟中年大約江湖術士歷

覽已成之蹟不拘牽于俗論而自抒其所見有如此雖未究精微之詣亦可謂英絕敏妙之才矣其亦有所傳授以及此乎緣未識三元九宮秘要又所見成敗廢興皆中元甲子格局其論列方隅体勢尚多偏曲龐襍之訛予為刪正訛失存其合道者若干篇綴諸予所藏定本之末与第二卷圖例互相參考雖間有重複而層見沓陳益證大全之旨庶作者之初懷不沒而學者亦可以廣義類云尔

杜陵中陽子蔣平階大鴻氏參訂并題

水龍經卷之五

統論

人禀天地而生乃受陰陽二氣萬物全焉生必有宅死必有坟若坟宅居于吉地則人与鬼安人安家道榮昌鬼安子孫吉利凡人不可不擇吉地而居不可不擇吉地而葬近觀久富之家必有祖坟注蔭祖宗者根荄也子孫者枝苗也根受肥厚之地必枝葉茂盛根生輕瘦之土必枝苗焦枯論擇地之術最為難矣四方風土不全形勢各有差别作穴或在半山深谷之中或居平洋之地或

在石間安穴或在水底安坟葬書曰水底必須巨眼石間必得明師以此論之寔為微妙夫相地要察於来龍點穴必迎于真脉地脉者陰氣也水脉者陽氣也崗阜水道皆龍脉也要道：而来慱龍換骨如移花接木之意所謂枝幹也葬書曰得水為上藏風次之此結穴之地陶公曰雌雄相喜天地交通故水不離山：不離水推形納穴形勢隨類而定更得九星臨照穴須逢三吉仍避六凶須要環抱宛轉兩脇寛容方正立向收水須合星卦水口關鎖而入格朝迎砂法以有情方為吉矣葬經曰地貴平夷水貴有支故平洋之地点支脉相牽不離山水也觀乎平洋之地池河田土

全無山瓏又無支脉牽連立宅安坟無龍脉之來無星峯之龍傍無龍虎護衛前無應案朝迎坐向不辨五星水路何分八卦若說此等之地亦出大富貴之家反勝山崗氣脉之處蓋聞先賢書云有山傍山無山傍城有水就水無水依形平洋之地以水為龍水積知山脉之住水流知山脉之動水流動則氣脉分飛水環流則氣脉攢聚大河類幹龍之形小河乃支龍之體後有河兜此為榮華之宅前逢池沼永為富貴之家左右環抱有情堆金積玉前後縈迴無破宅富田豐地欲水之有情喜其迴環朝穴水乃龍之脉接忌乎冲射反弓最嫌激割牽消多憂少樂尤怕斜飛逼拗易富

即貧或水路前朝而立宅或田圩後抱以安坟地理之書必須叅究陰陽之術要在講明主者若積陰功天之所佑目若須憑目力穴莫輕裁福輕難遇明師福厚易逢吉地、理之書難盡述陰陽之理因當明集成水法龍經以示後之學者

水龍尋脉歌

地理真傳世罕逢陰陽之術妙難窮尋龍捉脉觀山水崗阜平洋總一全平洋之地水為龍四畔茫茫豈認蹤若使明師精妙理追尋源泒辨雌雄水龍妙法少人知慎勿輕傳與俗師達者悟之明此理愚人不曉豈能為玄武之水是龍身定穴君須看的真水積

必然龍有穴水流氣散不堪陳大水縈迴是幹龍小河支接幹親
蹤幹龍氣盡難安穴作穴支龍富貴豐玄武之宅有湖池立宅能
令福氣随坟墓穴前宜此水兒孫富貴着緋衣河塊池水不通流
水若通身氣不留若見田圩間水口兒孫富貴永無休大河之脉
氣歸灣湖内明砂應案攔下後兒孫多富貴能令白星出高官流
來水勢似刀鎗射脇冲心不可當尖利田圩為絶地殺傷公訟退
田庄後水來龍似反弓出人忤逆各西東若還遇此反弓水退敗
田園守困窮水要灣環莫直流直流之處是為囚更並四畔无遮
掩浪打風吹不可求十字水流後与前廿字井字總一般此為市

井人多住若是一家不可安抱身之水势環坟穴好龍真氣脉純

葬後其家多富貴兒孫榮顯作王臣

金星城格

水城化出五星名
尤取金城最吉星
不論枝流并幹水
无分池沼与瀦汀
左圍右抱皆堪喜
後倚前朝並可親
若得此形為穴体
管教福至禍无侵

大鴻補畫并句

金凶格　坟仝

金星如仰外家宅田園敗

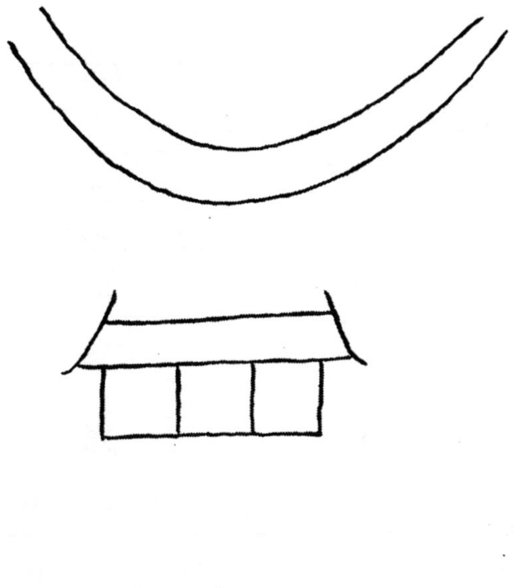

金水相生格　坟仝

金內水外貴多富少
金星如出水口聚水
方為貴

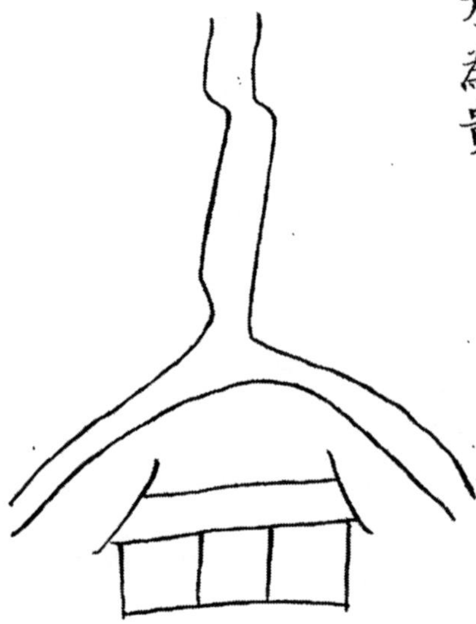

金水泛濫格

金水太縱橫泛濫起風聲穴中若漏
氣屢損少年人揔有官和富其家必
主淫不如為寺覌香火淂殷〻

大鴻曰此為漏氣多凶少吉

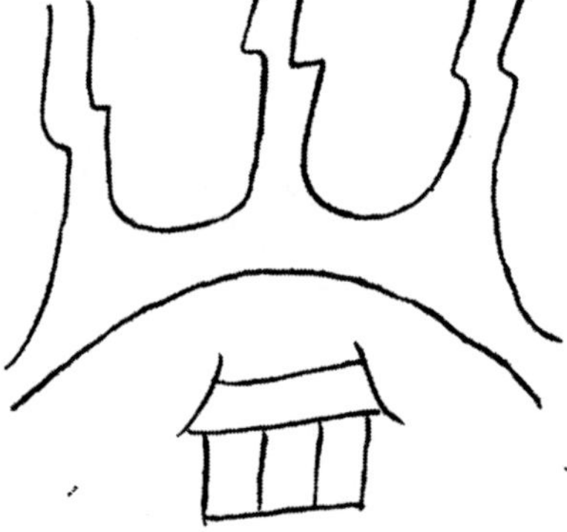

木撞金城格

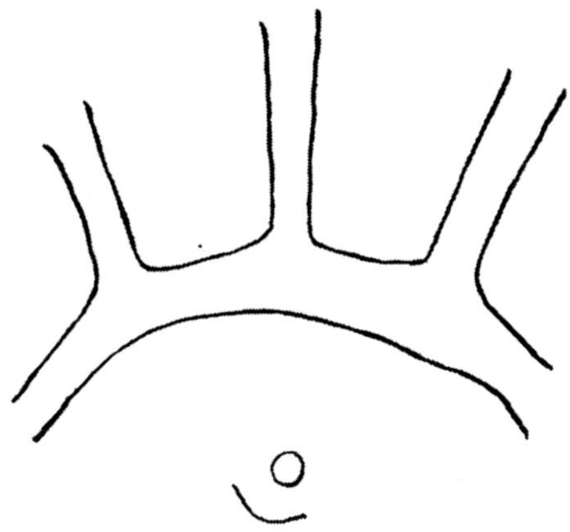

城垣之外水来冲揺然秀麗亦為凶
左冲絶長右絶少中間仲子不留踪
房ミ盡皆遭殃禍忤逆淫邪刑獄中

火尅金城格

火直撞金城大盗与軍刑 又云
金星如火壓家 散人丁滅

金星一抱已堪誇若更重〻福祿奢
近身貼体方為貴遠照之時氣脉賒

重金格

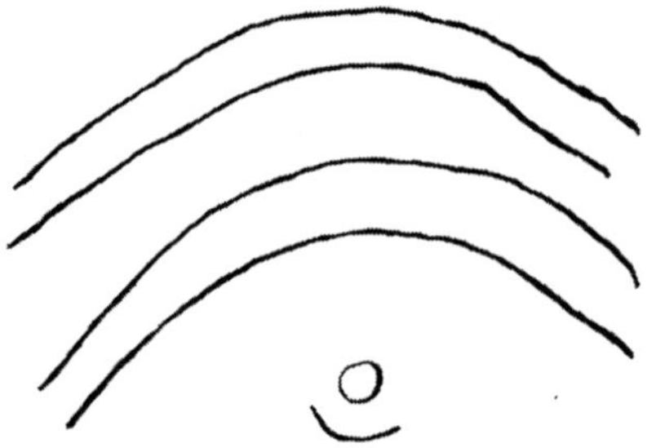

三金如品列家計常添入
外水似反弓吉中未免凶

重金格

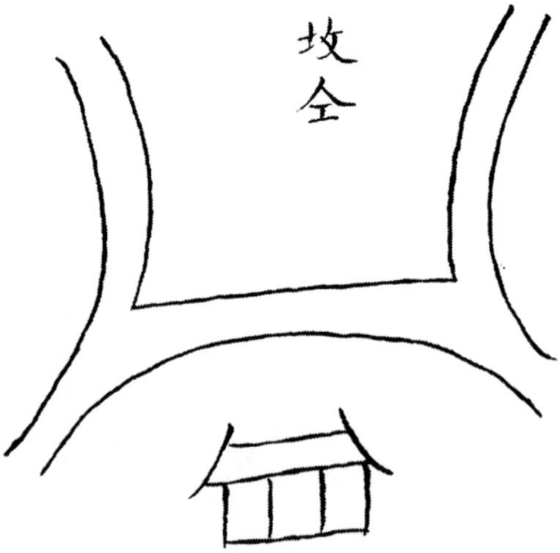

水星城格

水城原是太陽精人〻山頭看德星財祿豐盈人秀麗翰林魁解有聲名

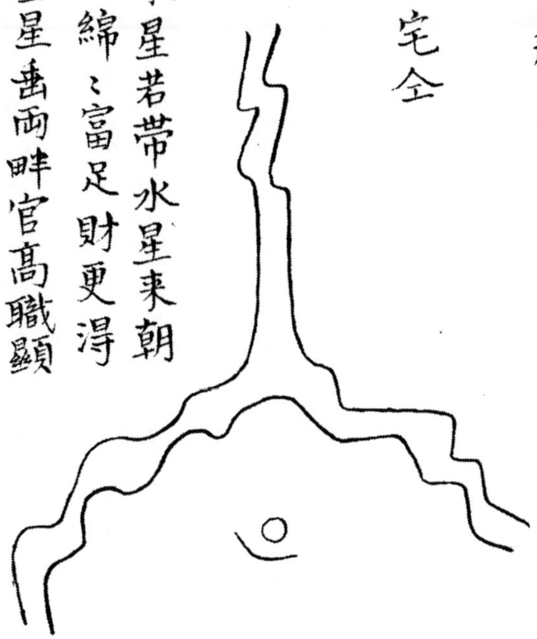

木星若帶水星來朝入綿〻富足財更得金星垂兩畔官高職顯位三台

文星格

水如錦浪號文星即是芦蒻宛轉形蓋世文章從此出翰林爲甲有名聲

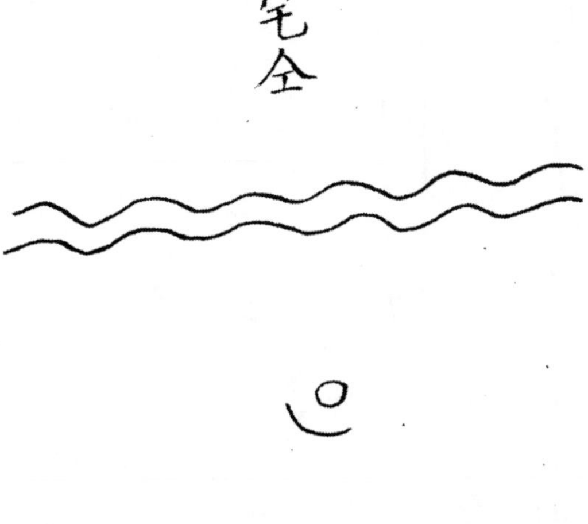

水内木外格　宅全

水内木外
發中有敗

木星如出水家計
應須之倘或木頭
長也出少年亡

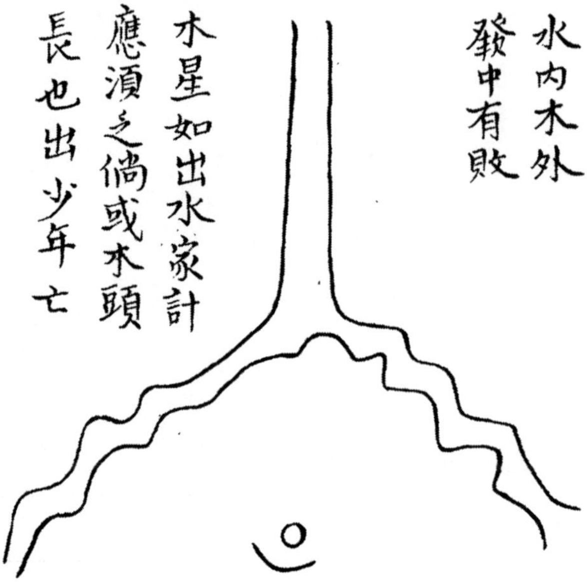

水木交流格

水星硬木兩交流
一房興旺一房愁

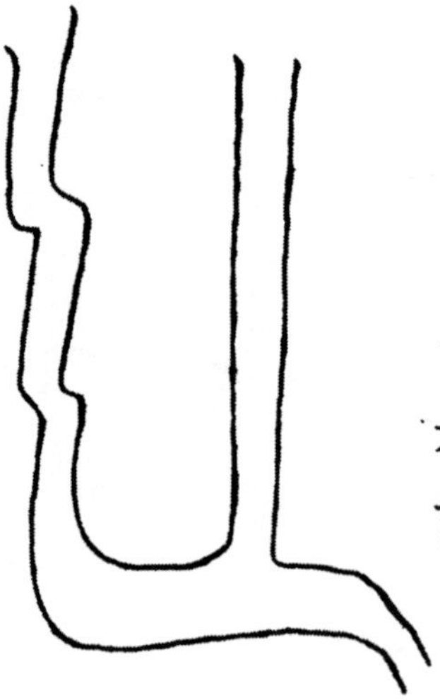

水火相射格

水火若相刑
瘟火訟交爭

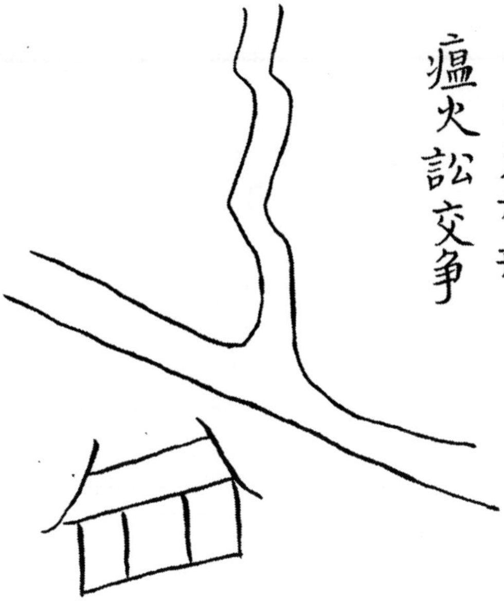

土星城格

土星如曲轉
富貴進田產

土星內抱格

土星如內抱富貴盈財宝

重土格　坟仝

二土面前横家豪顯有名

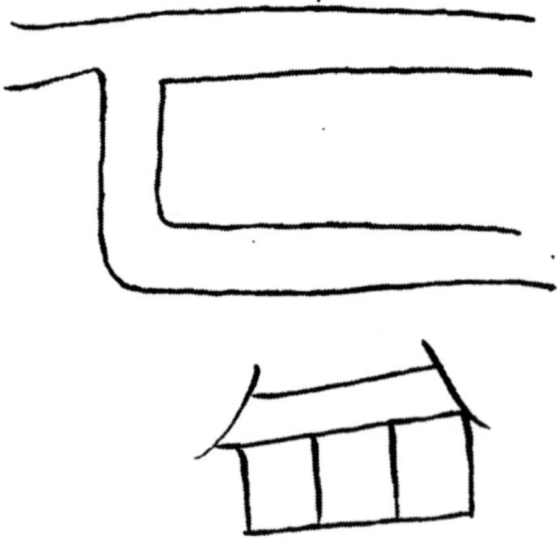

土星仰外格

坟仝

土星若仰外
无水便離財

反土格

宅仝

土星若外飛
无水便財離

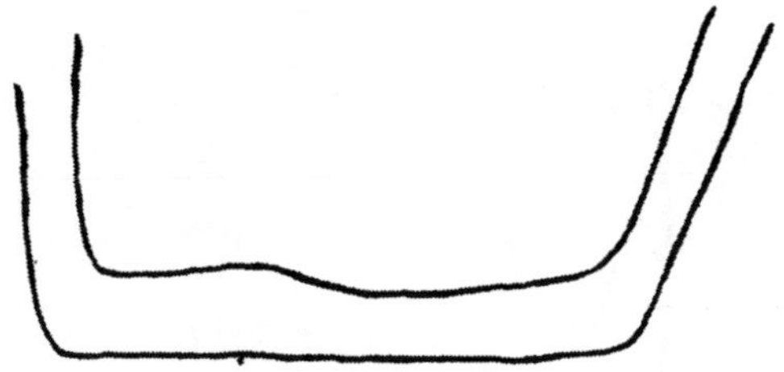

橫直木格

橫木直木揔不堪親
莫論富貴後嗣伶仃

順逆木格

逆木順木官非祿〻
客死離鄉退散錢穀

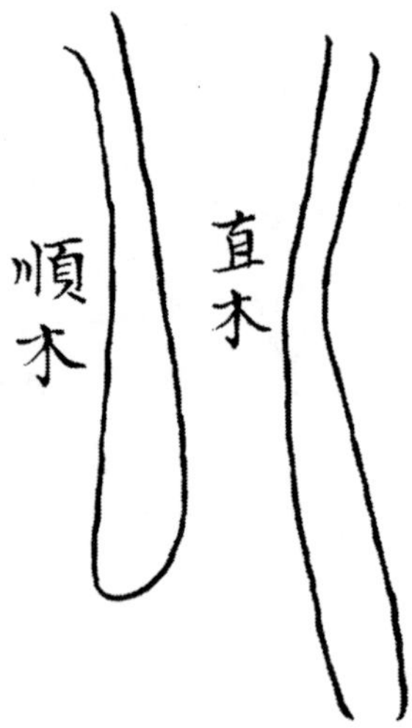

斜火格　坟仝

五星皆好穴前朝立宅逢之怕火燒
直走斜蜚掐訟事田園退散尚嘵ミ
火星斜支更媍長坟宅之前最不良
如有水星来救助自然人口免瘟癀

火星曲動家难為
公訟連綿更損妻
刼盜瘟癀常是有
人离財散各東西
人家家怕火斜飛
若見金来自外歸
方主進財并進禄
更逢重火必衰微

重火格　坟仝

二火焚身風捲灰塵

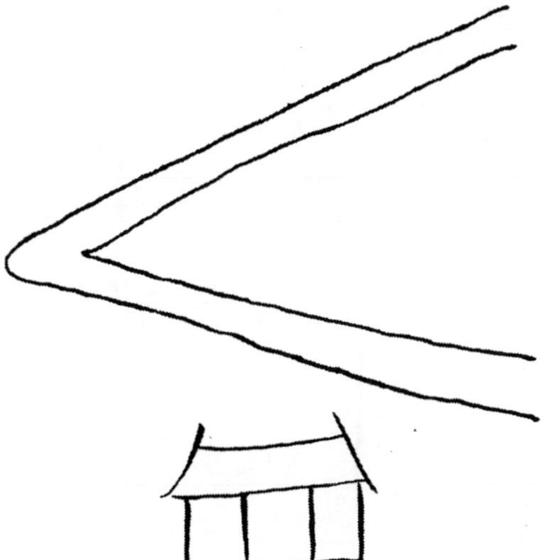

二火尅城格　攸仝

二火尖動長日日哭充粮

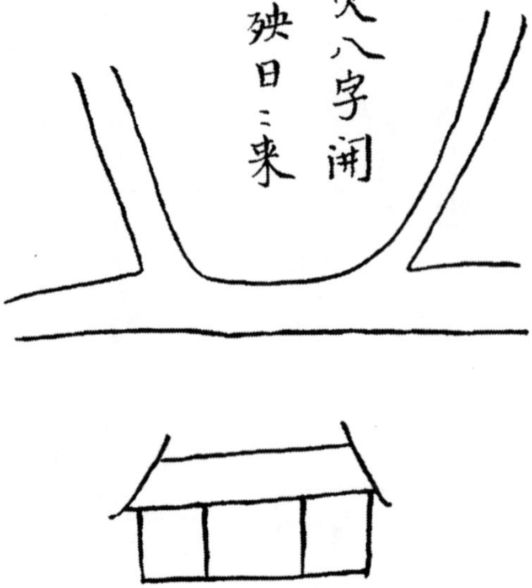

二火八字閘

灾殃日日来

炎火尅城格　宅仝

殺入城垣獄訟遭刑

劫賊常鬧子孫伶仃

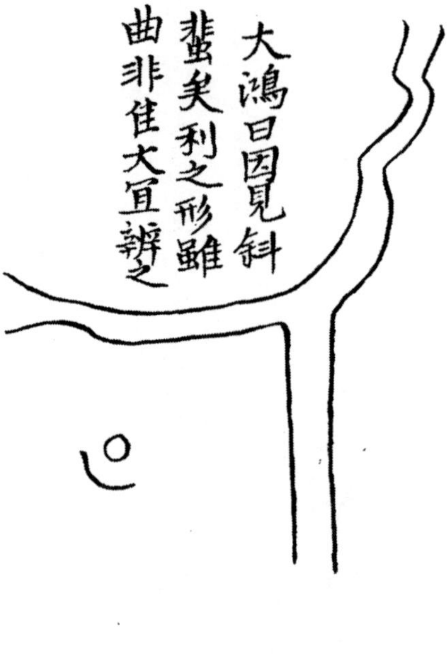

大鴻曰因見斜

蜚矣利之形雖

曲非佳大宜辨之

木帶土格　宅全

木土曲直来
家富足錢財
左右全論

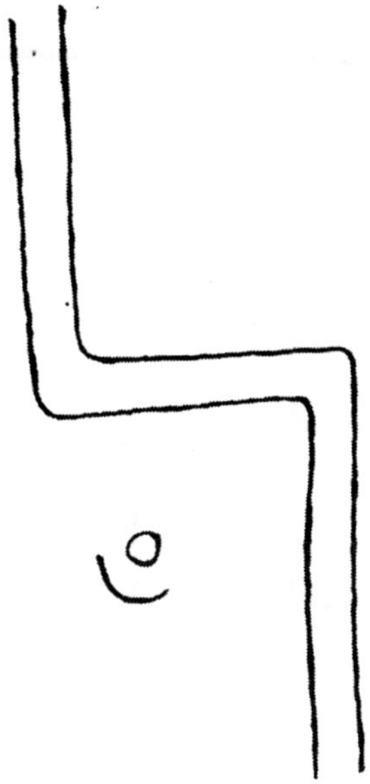

木尅土城格　宅全

木星若帶土星来土上
安基方有財若取木星
為貼体尅剥相争禍患
胎

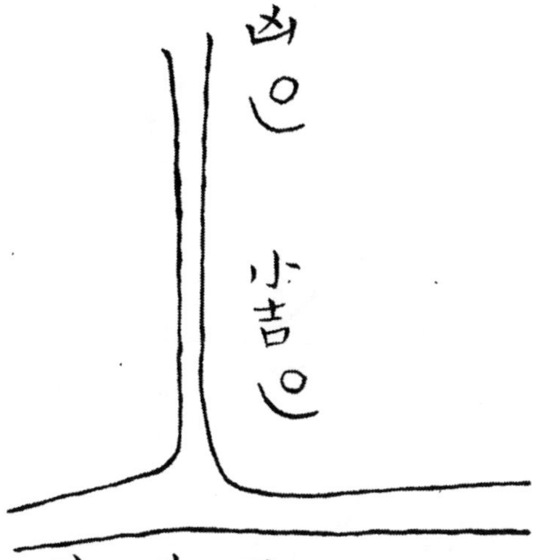

坟宅若居此
凶
冷退絕人丁

木尅土城格 坎仝

兩木不宜長一土怕难當

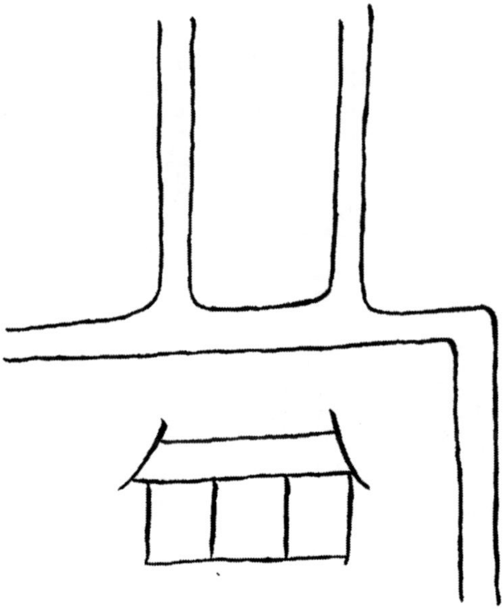

木尅土城格 坎仝

三木尅一土離鄉人口死

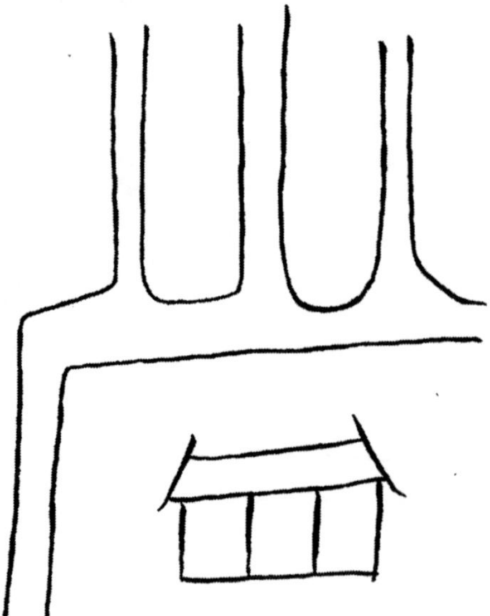

炎動火城格

焱動之城不可尋輕水流逐火訟興
若然城邑通流水六十年中起甲兵

大鴻曰此木水
星因斜飛郎
作火論

抱水城格　坟仝

龍神湾抱過門前富貴足田園

抱水城格　坟仝

白虎湾々抱屋前富貴出高官

青龍神抱足堪誇富貴達京華

又名轉角水

束帶纏身前抱水格 坟仝

束帶水纏身家中好積金
若然立塚墓久後可成名

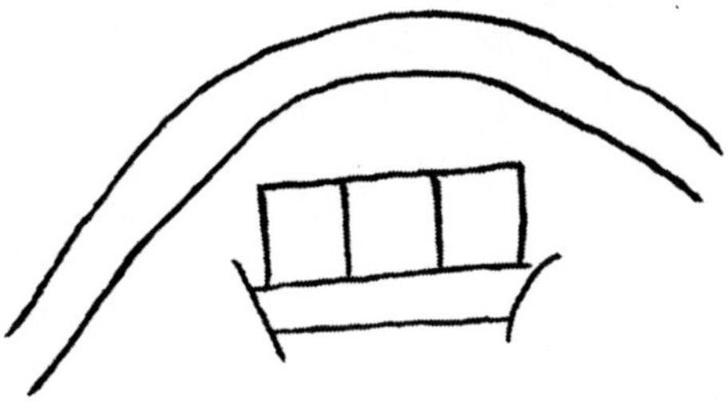

坟前宅前若此水湾大吉

兜抱水格 坟仝

屋前屋後有池兜
富貴永無憂

旺財穀

後抱身水格

水法几十章無如後抱良
田頭看偃月富貴定悠長
發福悠長定是
水纏玄武
陰陽二宅相全

重抱水格

兩重來包抱屋前家富及人安
若然兩抱居穴後立見家豐厚
代代兒孫衣錦田青瑣及烏臺

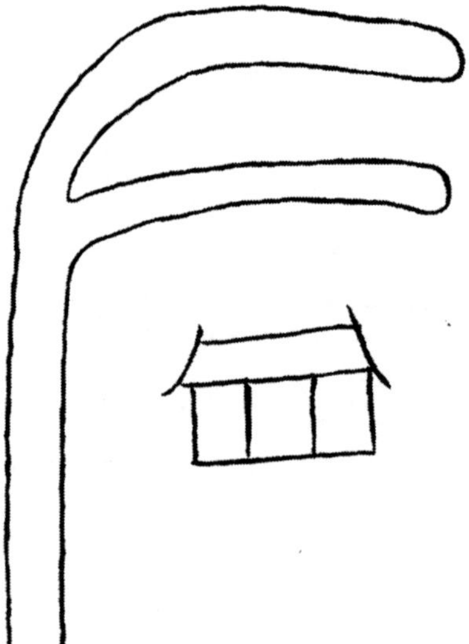

抱氣水格　宅仝
枝水交抱氣脉鍾
坟宅定豐隆

主富貴
左右仝

大鴻曰妙在後灣不然无氣
両边前後似金勾後嗣為官掌府州
両边前後有池塘定主為官足智謀

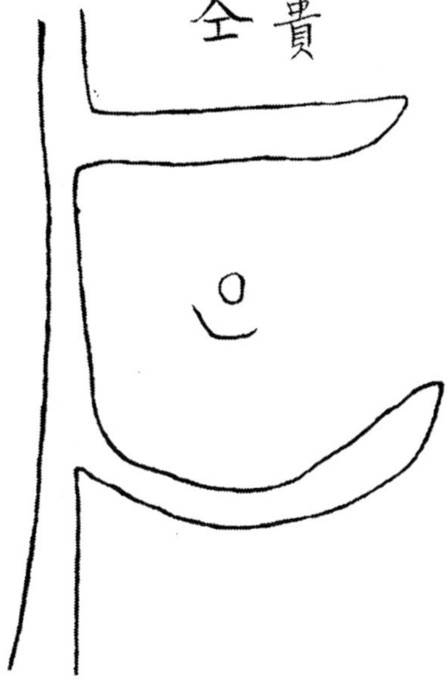

重抱水格　宅仝
虎水両重抱宅坟
家富足金銀

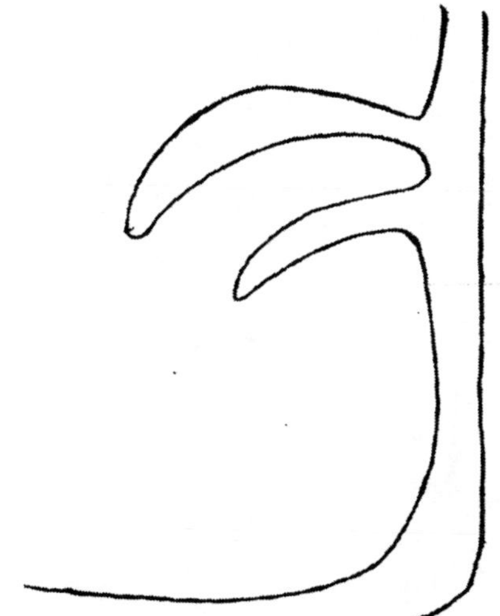

曲抱水城格

青龍頭水方抱身
家富出官榮

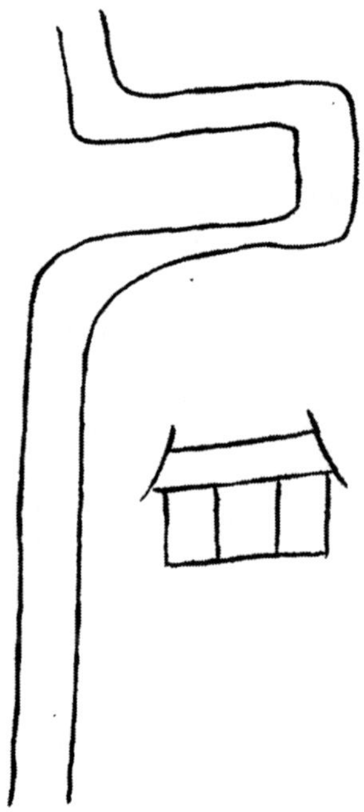

金水火抱形格

一重路抱一重城金水重〻火抱形
更淂四旁无別犯榮華累代有声名

繞抱水格　宅仝

水繞青龍身長子足精神

各房皆吉

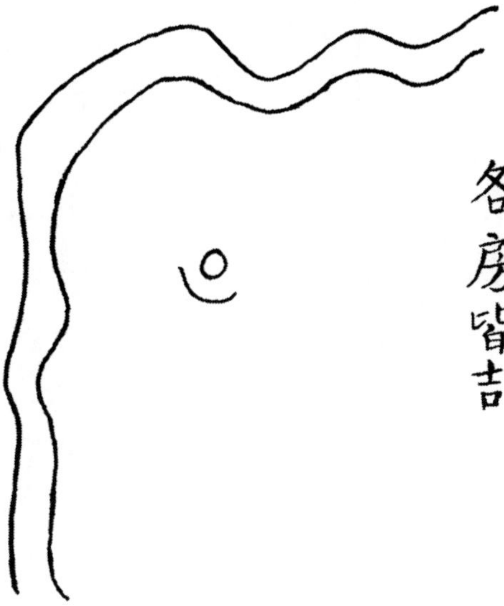

抱身水格　宅仝

繞身一水最難逢更喜來朝屈曲中

大福之人安宅墓螽斯千百爵三公

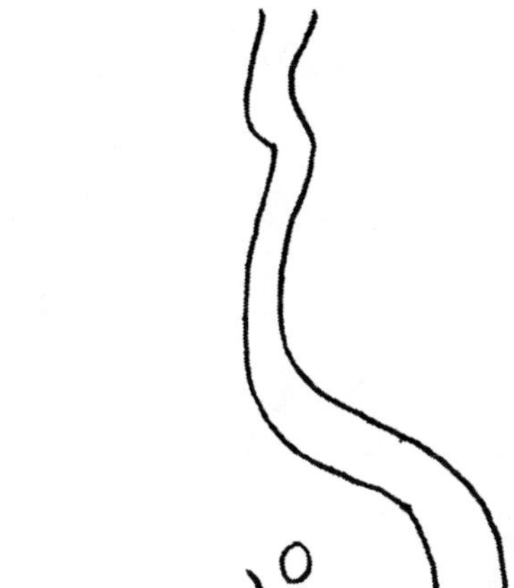

偏傍微抱水格 坟全

白虎長河帶裡兜家樂
任君求

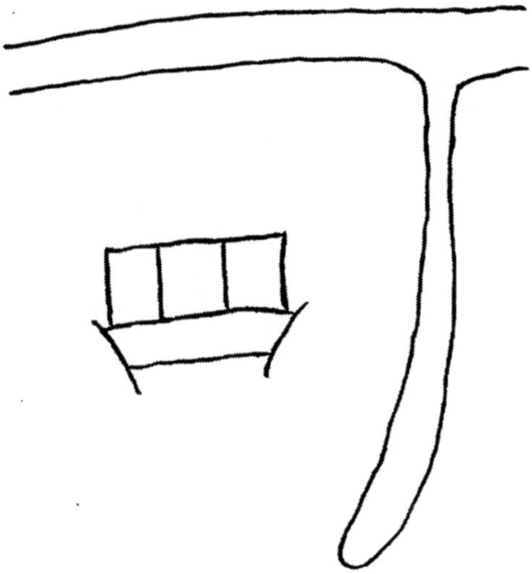

八國城门格

八國周環不動風五音下着福重ニ

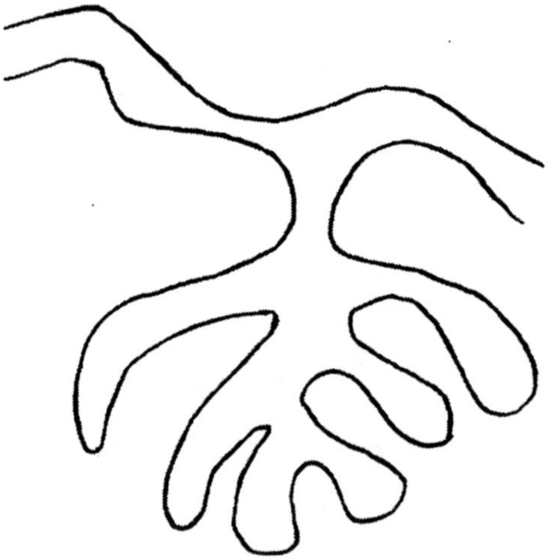

褁頭城格

褁頭城裡莫安坟叔却東西郎動爐縱使真花發福処到頭終是絕兒孫○穴太窄无餘氣故也

鉗水格

兩水合成鉗無官且有錢亦名兩水合格

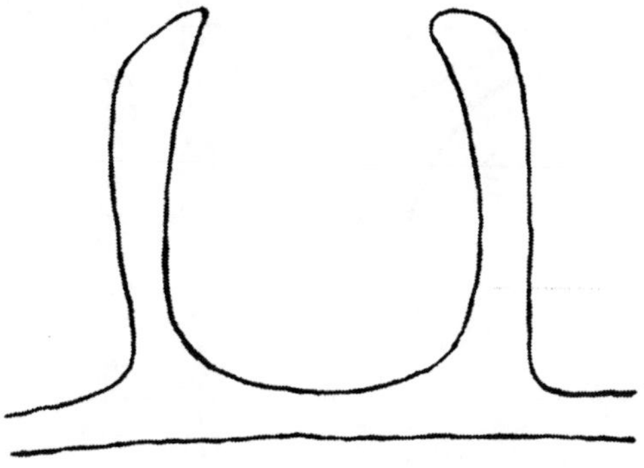

鉗水地格

水口若窩鉗官高且有錢

此形出文武雙全之人

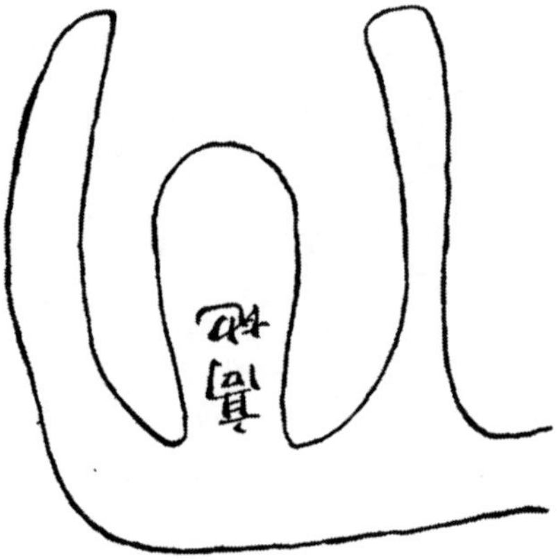

蔭腮水格

一水兩边迴其名為蔭腮

兩腮皆可穴居中是漏胎

金鈎格　上〻

曲水似金鈎

富貴此中求

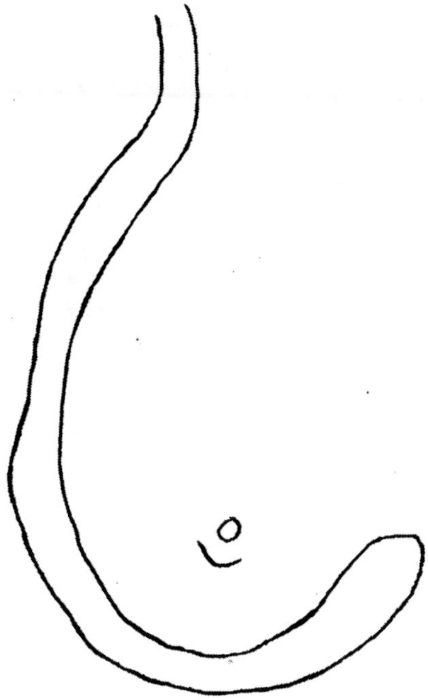

金鈎形格　宅全

金鈎左轉抱身来家富足錢財

若是地形能闊大端的位三台

上上格

金鉤水格

金鉤左抱形家富足人丁

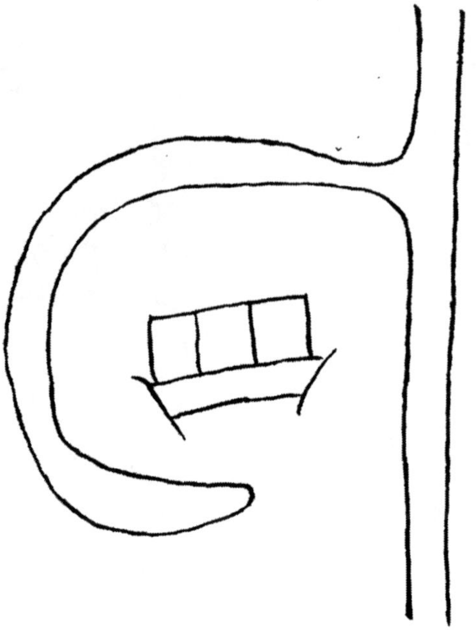

金鉤形格

水来屈曲作金鉤富貴樂優悠

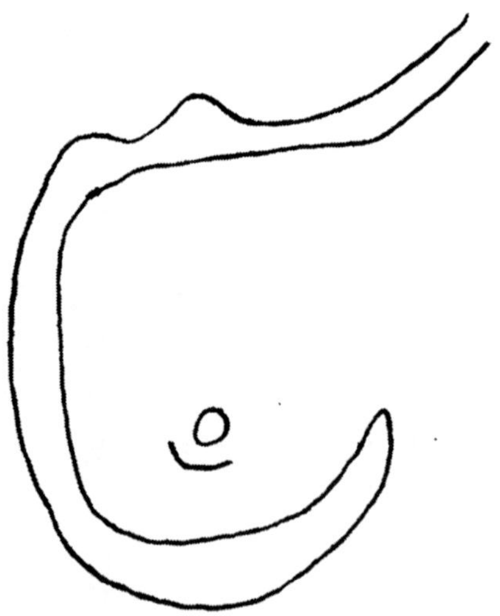

勾心水格　坟仝

水尾勾来尖射穴
此地作凶説

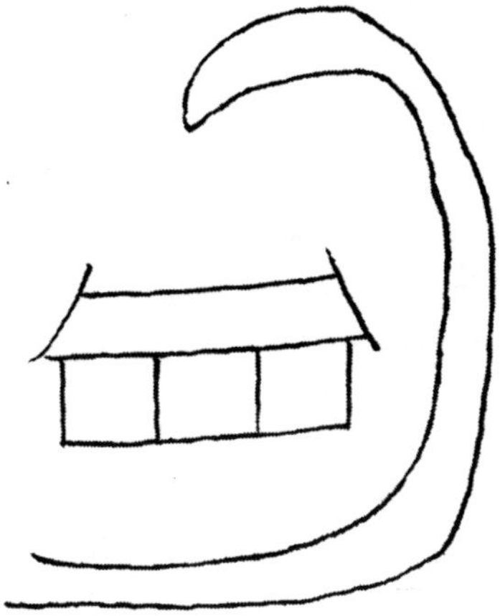

大鴻曰此勾冲右明堂中心
更為射破若墘過堂前方吉

反勾格

反勾水格名背城出人拗性并心狂
更兼手足招風疾家業飄摇公訟
興

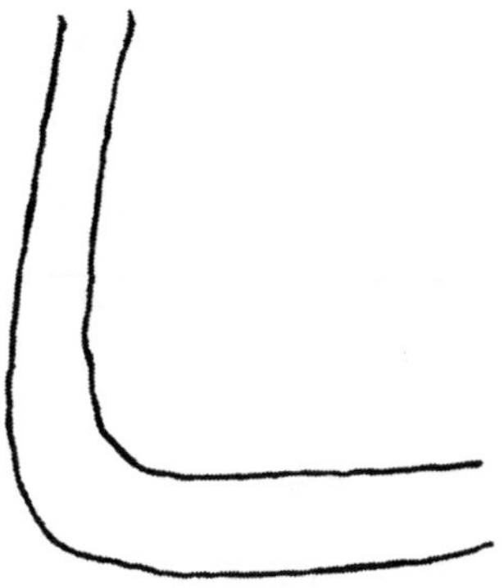

乙字水格

乙字之水入懷流也是回頭龍脉収

穴若有情真湧氣其家富貴不須憂

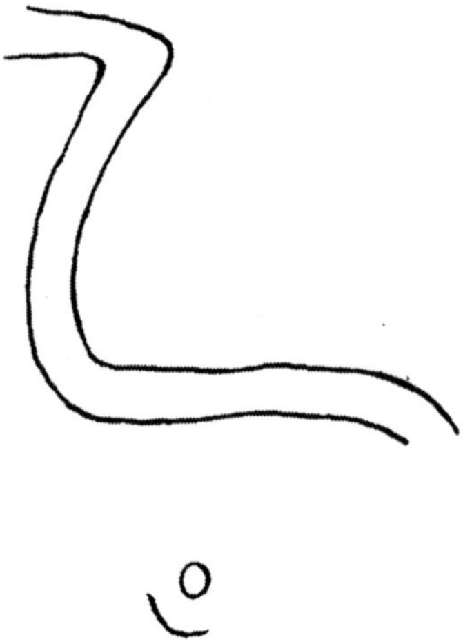

之玄水格　宅仝

之玄抱身出大貴

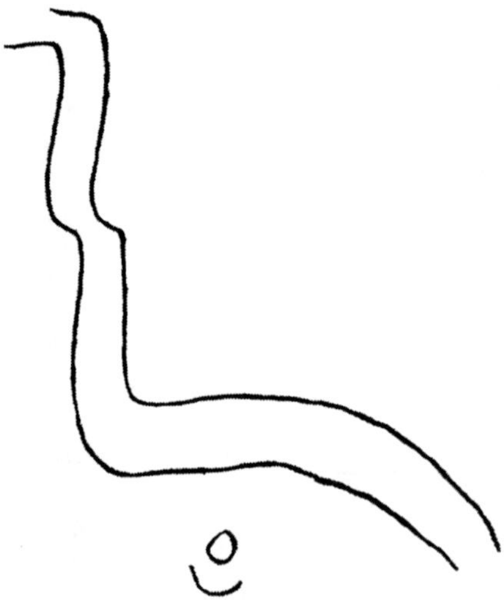

抱身水格

之玄之水是真龍來去皆能產鉅公水若抱身鍾大貴倘然不抱也興隆

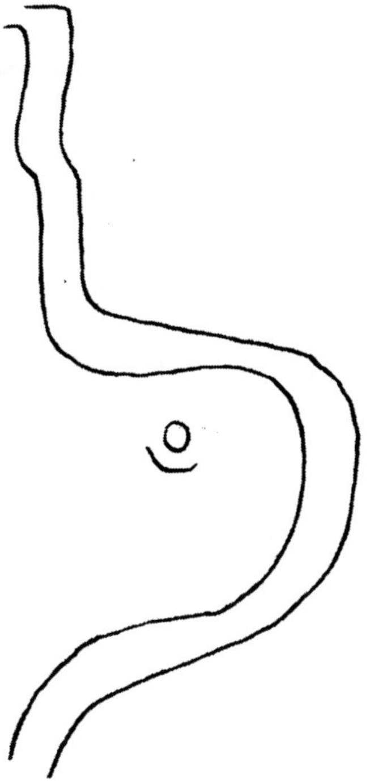

曲水城格

此即飛富城式

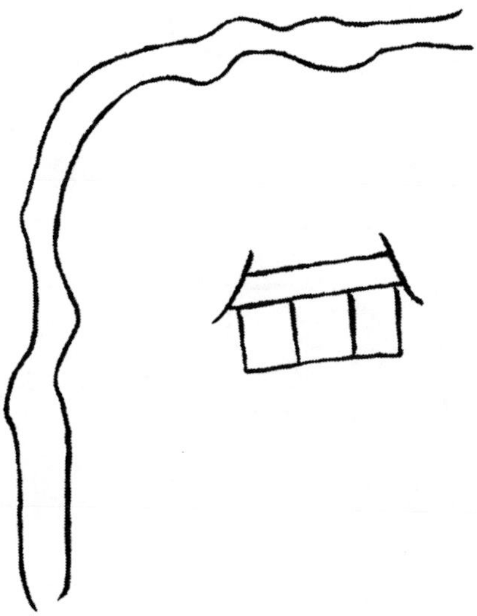

龍神灣灣屈曲來日日進錢財
若是曲多深且闊門前車馬隨
金明水秀盛文章翰苑姓名揚

曲水轉抱格　坟仝

金水折〻如爪藤文秀實堪誇

更若廻環成大局家世多金玉

水星環抱宅主秀麗文章

折水格

水行一折一宦居二折兩宦棲

更加三折宦神旺身在青雲上

三折水格

鴬翔鳳舞曲來朝九曲當心氣势豪
縱少案砂攔水口定然榮顯姓名高

一般當面冲來
直者為凶
曲者為吉

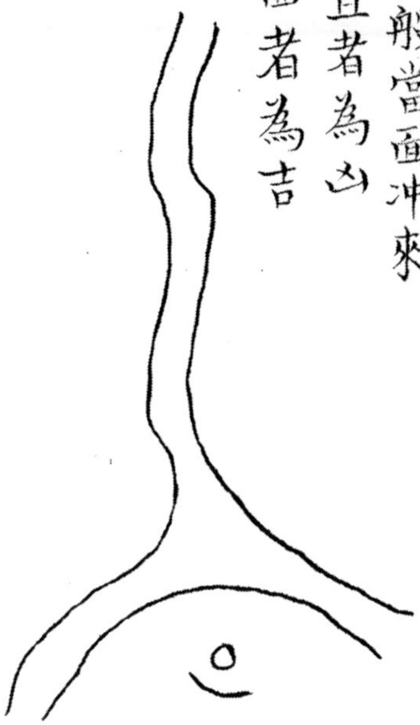

曲水反去格 宅全

曲水轉去抱他家反上安坟
穴便差縱得秀气堪一發若
逢退運禍交加

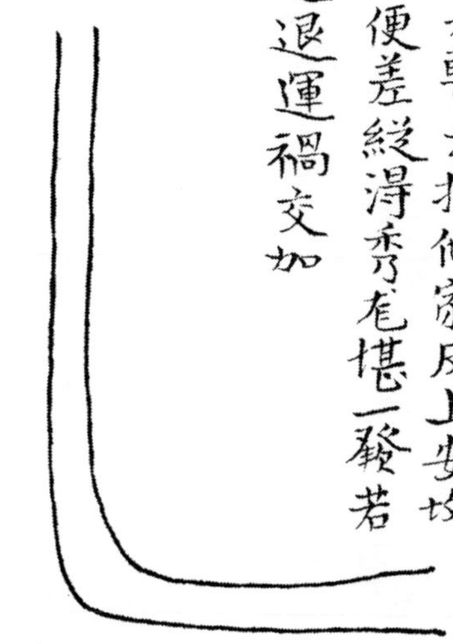

曲直水格

曲淺直來此地當裁避直就曲

金玉成堆避曲就直一敗成灰

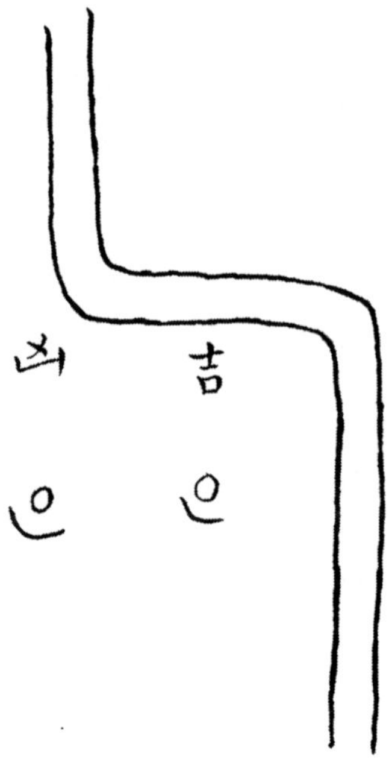

坟前有水直冲穴

下後兒孫絕

右边河水湾曲抱此地多財宝
若然局左屈曲來平地上金堦

纏龍上格

螺旋之水是盤龍穴坐居中元氣鍾
世上荣華終必有名仝伊吕位三公

蟠龍水格

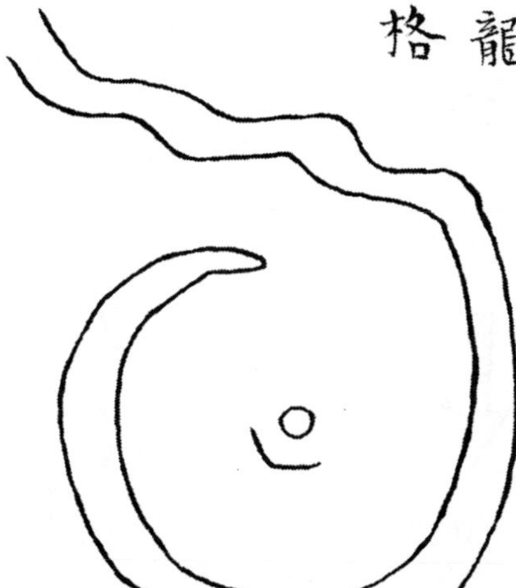

双雀交首格

一雀之水两頭交化作双雀穴在腰
將相王侯從此出管交列土並分茅

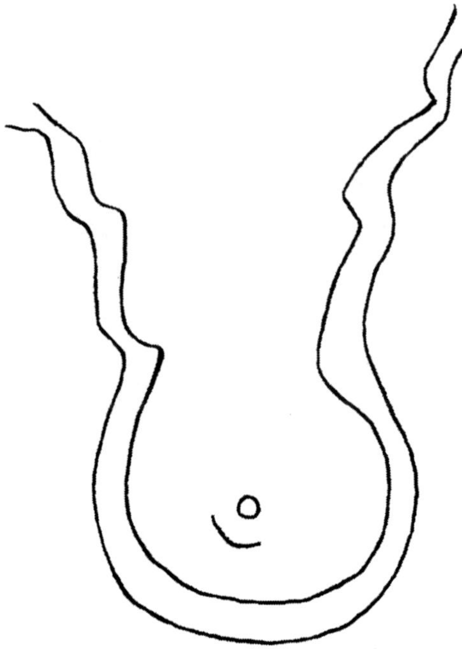

瓜藤水格

面前一轉一重庫財宝多無數
大河便出大官荣小溪必主家
豪富

迴龍格

水神来処後回頭此是迴龍氣脉汲腹裡包藏無滲漏其中發福永無休

上格

凡水從東南來過西抱塚宅还向東北而去主累代富貴出卿相不絶

迴龍水格

西水来抱宅与坟兒孫富貴顯家門

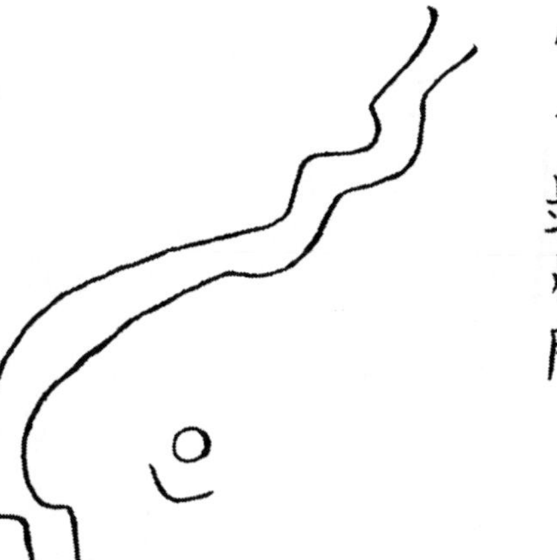

龍腹格

家住曲中號龍腹其人富貴食天祿

龍背格

家住曲外名龍背貧家絕嗣多乖戾

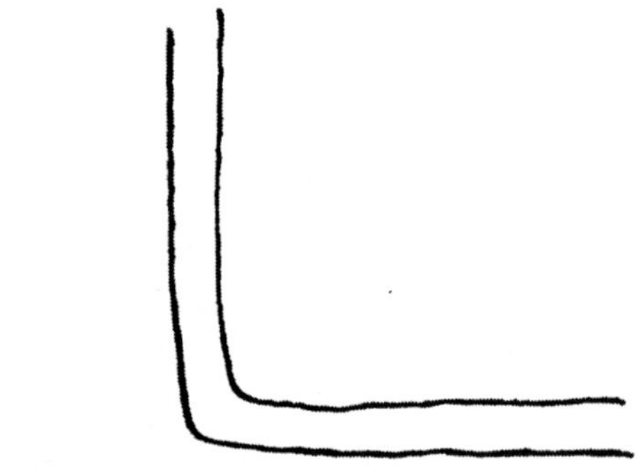

左飛乇城格

曲來之水是飛乇穴点居中富
貴豐更有星辰帰去位為官必定
到三公

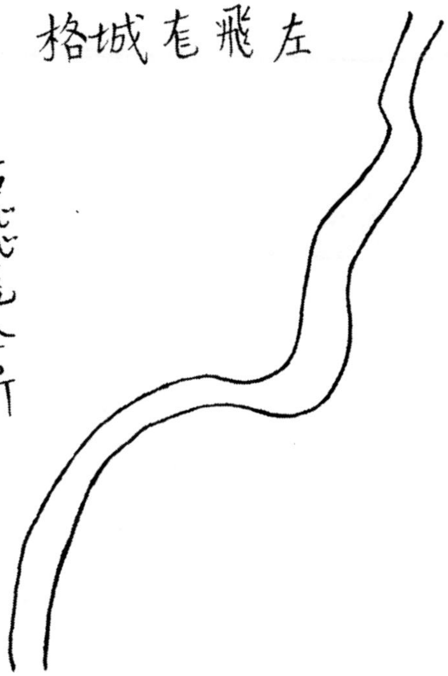

右飛乇全斷

飛電城格

飛電之城最先發惟怕崩冲并
水割若然到此向门前富貴之家
還激括只云斜水向门流子孫会
作偷

雖然曲水也怕斜飛
更薫火假萬事全休

上三格

双龍飛朝天格

水似双龍兩道交兒

弟双三一榜標

雌雄龍格

雌雄交首似飛龍此水生來格最奇

穴若得宜真氣合官居極顯福無涯

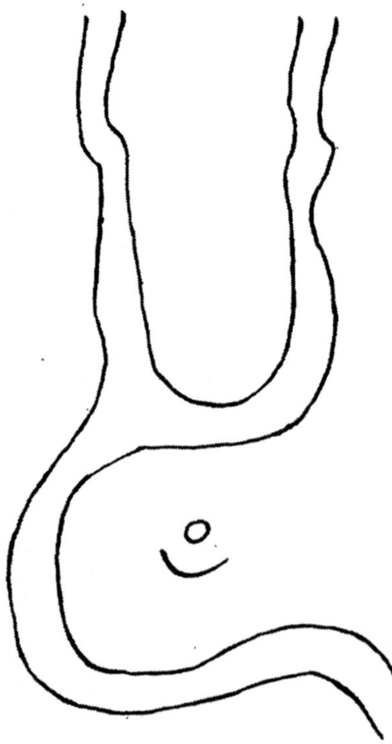

母奄蜿蜒作金湯　有子成胎腹內藏
若点胎元多孕育　祖孫父子坐朝堂

子母奄格

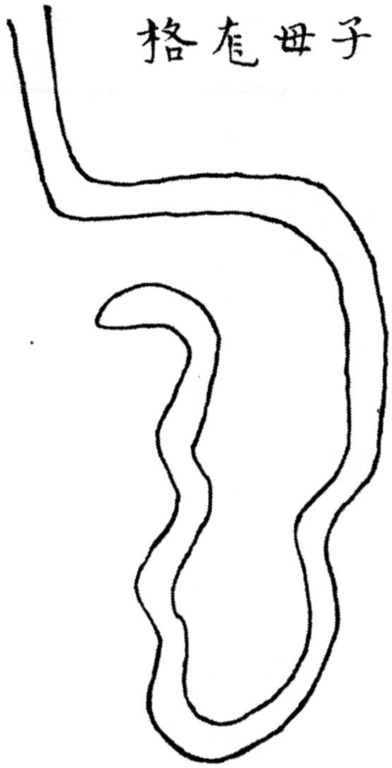

母奄抱子二水相交
祖孫繼業父子全朝

子母奄格

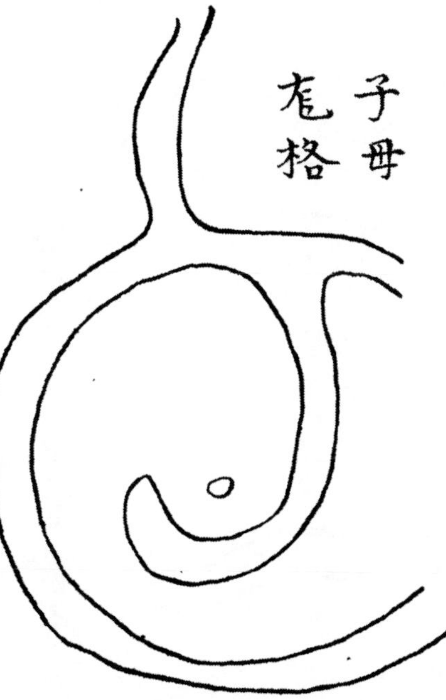

舞鳳格　宅仝

羣流飛舞入垣城鳳翥鳶翔羽翩輕更浔穴中真氣發不為仙客定公卿

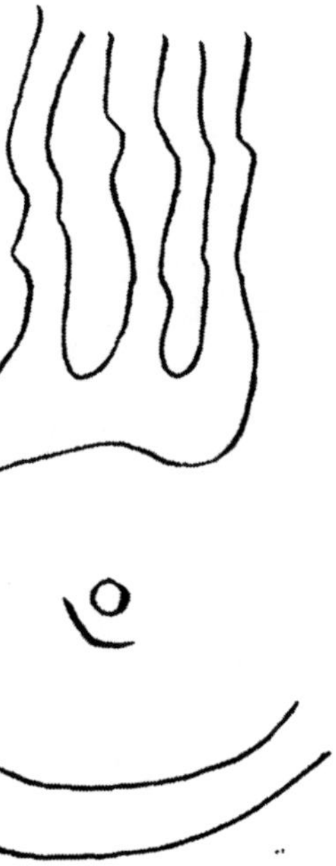

蟠龍舞鳳格

翺翔朱雀勢縈迴儼若蟠龍屈曲来下後兒孫登甲第官居清顯列三台

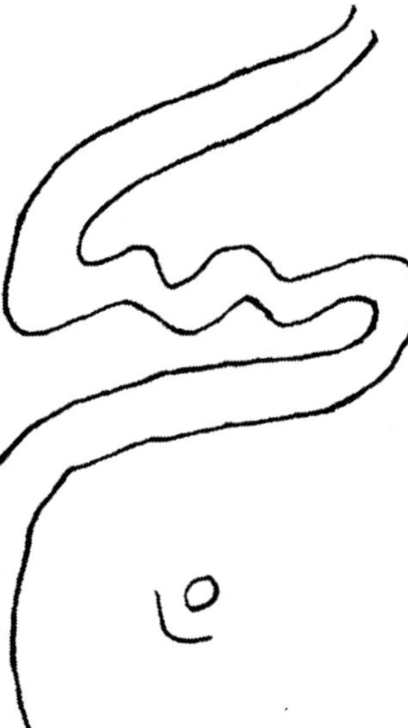

御街水格

御街之城寔至貴宰相三公居
高位若然包後帯奇星定然
聖朝天子氣

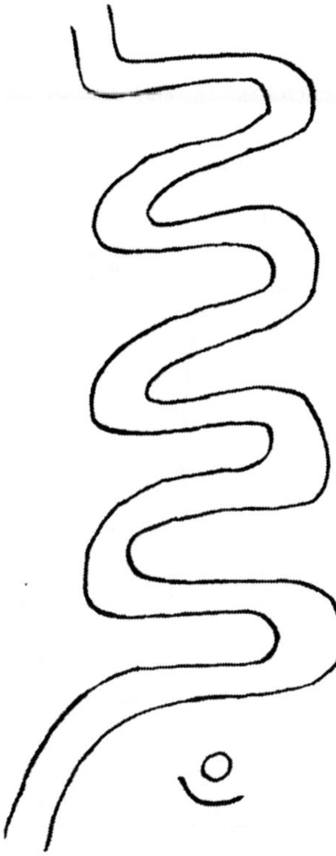

御街水格

二水二重包如帯復如
為官多富足清城顯门風

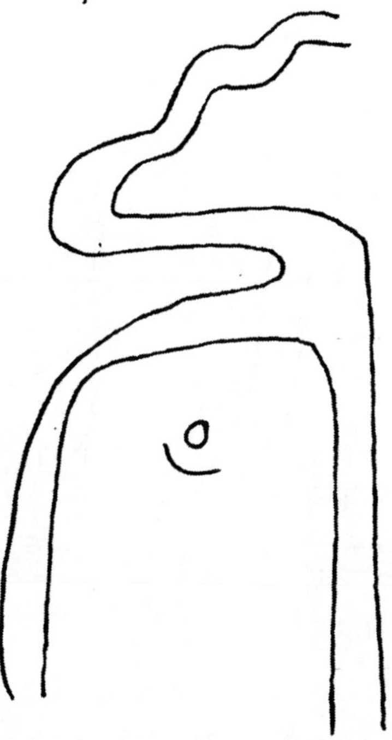

覆鍾水格　宅仝

来水湾湾若覆鍾堆金積玉富弥豊子孫顯貴登金榜四遠聲名達九重

幞頭形格

有水前流似幞頭官來永不休

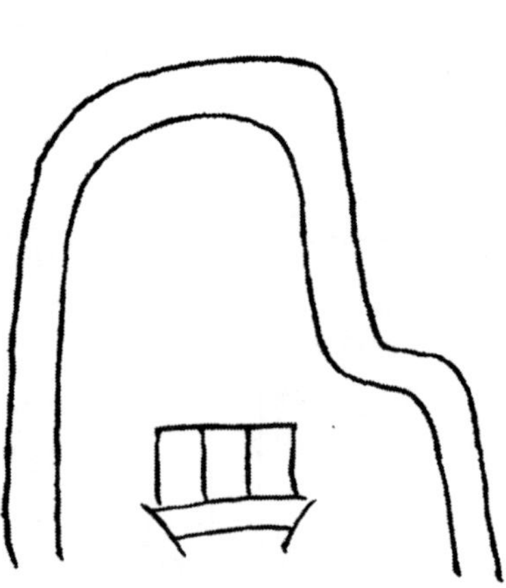

大鴻曰此不過以水城繞抱而發不重在幞頭

玉几水格故全

青乇有水如玉几
官居州縣貴

聚水乇格

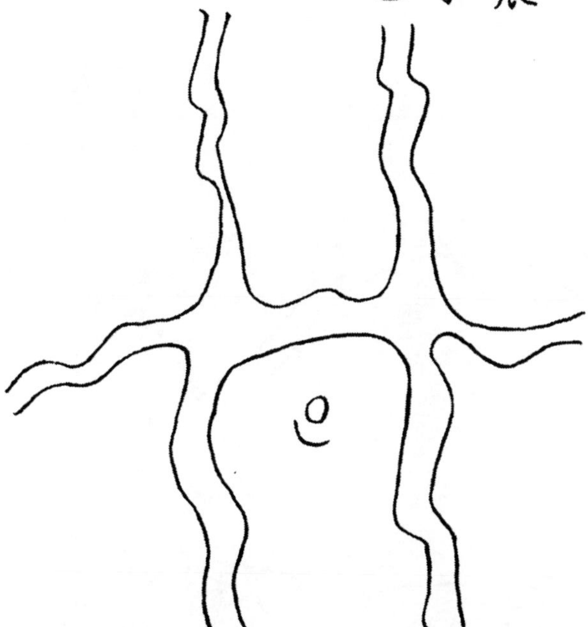

衆水如乇四面来定知此地出三台
總然氣散难豪富也出文武絕世才

砂水合秀格

印浮水面笏横前文筆森森劍氣寒
穴下水城如繞抱兒孫定許出高官

方塘四水皆日印

山水連秀格

秀峯羅列上雲端若是无龍空有山
必得真胎來蔭養羣峯貴應出高官

斜水侵山格

山龍之脉
点歸水斜
縱能發福
必主傾軋

斜水冲山格

池湖脉

前有池湖汪洋巨浸者立穴稍遠大者吉太近前畦主子孫雖富貴亦須代〻損妻以無餘氣故也

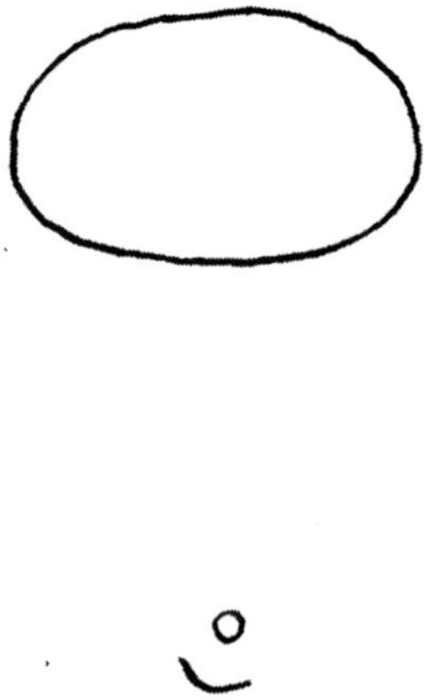

池湖脉　宅仝

前後有湖池故宅兩相宜池前須貼近地後要寬餘看穴須平正傾斜脉便離更相方圓扁扦之方合宜

明堂積水深圓鑑
足誇論出人多秀
麗男女喜雙清

湖脉

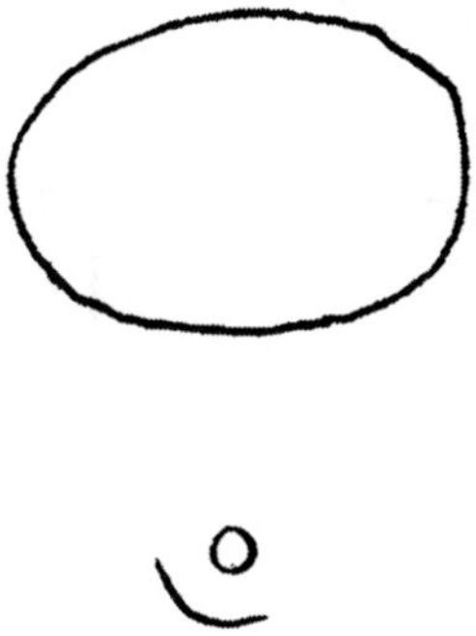

方印積水深
此地出官人

印鑑形

池湖凶格

洿池若坐偏氣脉不周全子孫多不孝刑獄更相牽○凡洿池塘水在塚後偏斜主子孫不孝反餓死○

又曰坑坎危不十分吉

凡内外宅在池水之偏傍主兵死客死 四隅方位全論

池湖脉

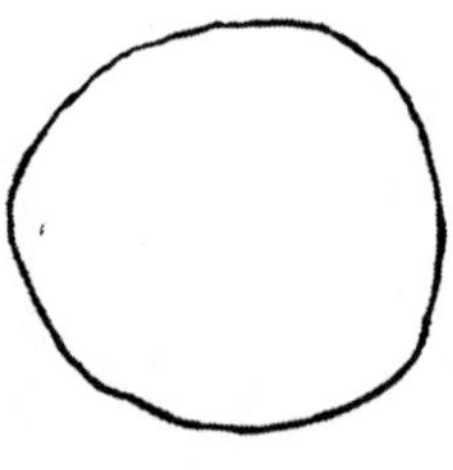

橋梁格　坟仝

當門橋来直沖着此為大凶悪○主出瘟病孤寡合死亡不宜坟宅大凶

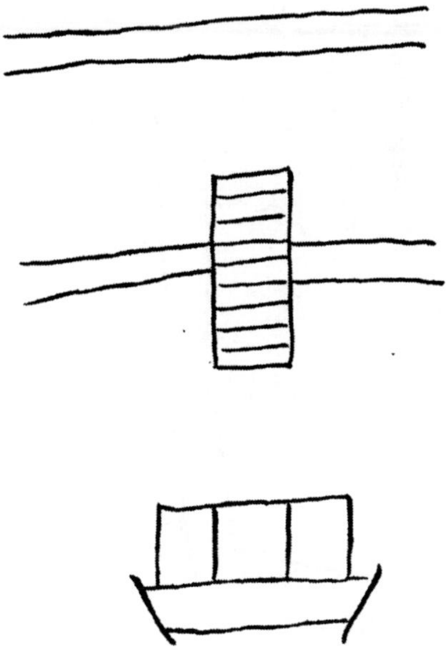

蔣大鴻曰此亦橋在衰敗之方故也若在旺方反能為福不嫌朱雀

橋梁格

青龍之上有橋横鎖水任君安

橋應論方位合元不可但論青龍

橋梁格　坟全

蔣大鴻曰此点橋在衰敗之方陽宅以浮氣為重故全不吉也若在旺方反主吉不可以青龍白虎分吉凶也陰宅橋輕

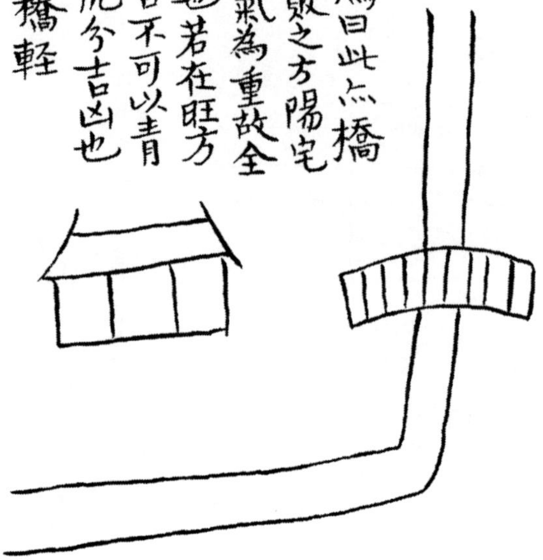

井泉格

凡近塚有井者主有患心腹及病目人井不分偏左偏右前後若太近塚側难為子孫

直流水格

直木水無灣兩旁不可安
全然无氣脉到此不須看

直中取灣格

直水地居灣
其家反淂安

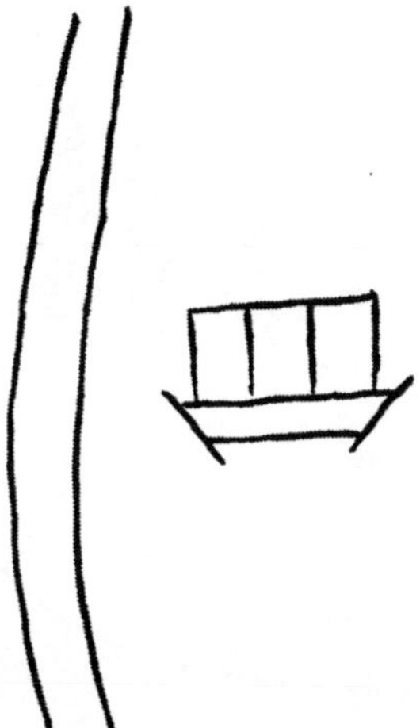

横水凶格　坎仝

屋後横水直流通
暫時興旺即貧窮

横水微抱格

横身直過本為凶
略見灣環氣便鍾
縱少星辰占富貴
喜无傾敗損家風

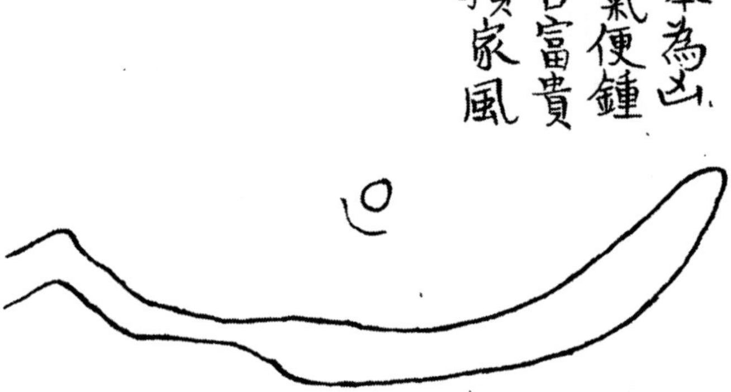

内圓外直取内作吉凡橫過水不牽不掣不斜不側不反不飛乃作吉斷　宅全

明堂橫過水格

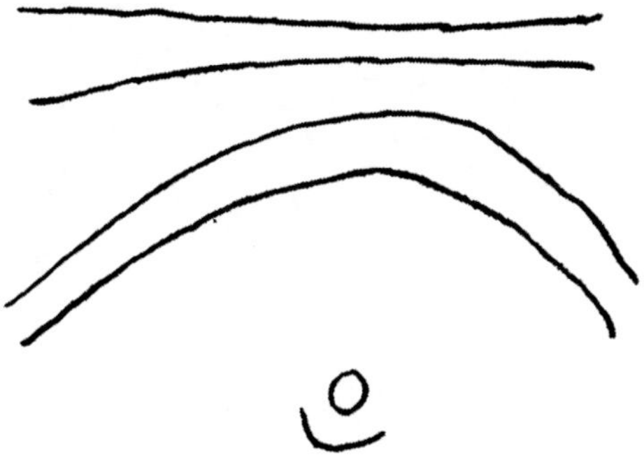

明堂橫過水格二

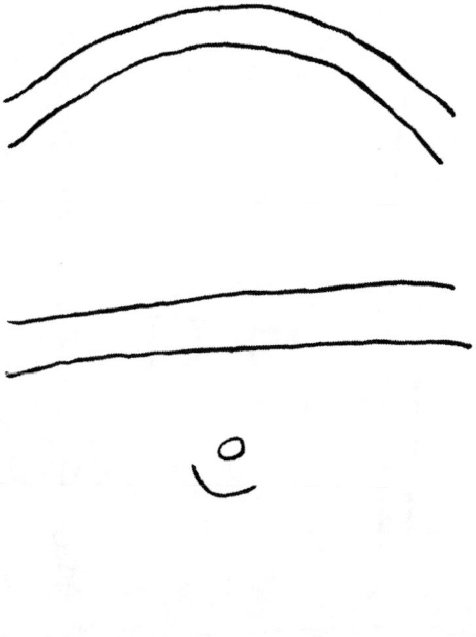

反跳水格　坎仝

白虎源頭一反勾財

似鬼来偷

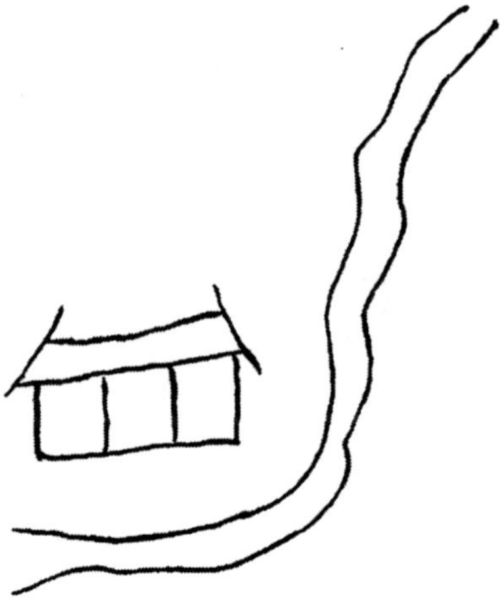

反水格

龙神反去不朝身抃着退家门

左边若見長房灾右边小房哀

又云塚宅居曲水頭者

主子孫多死亡

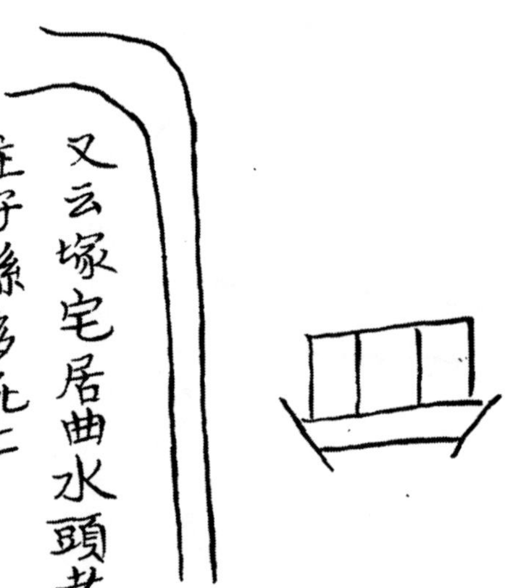

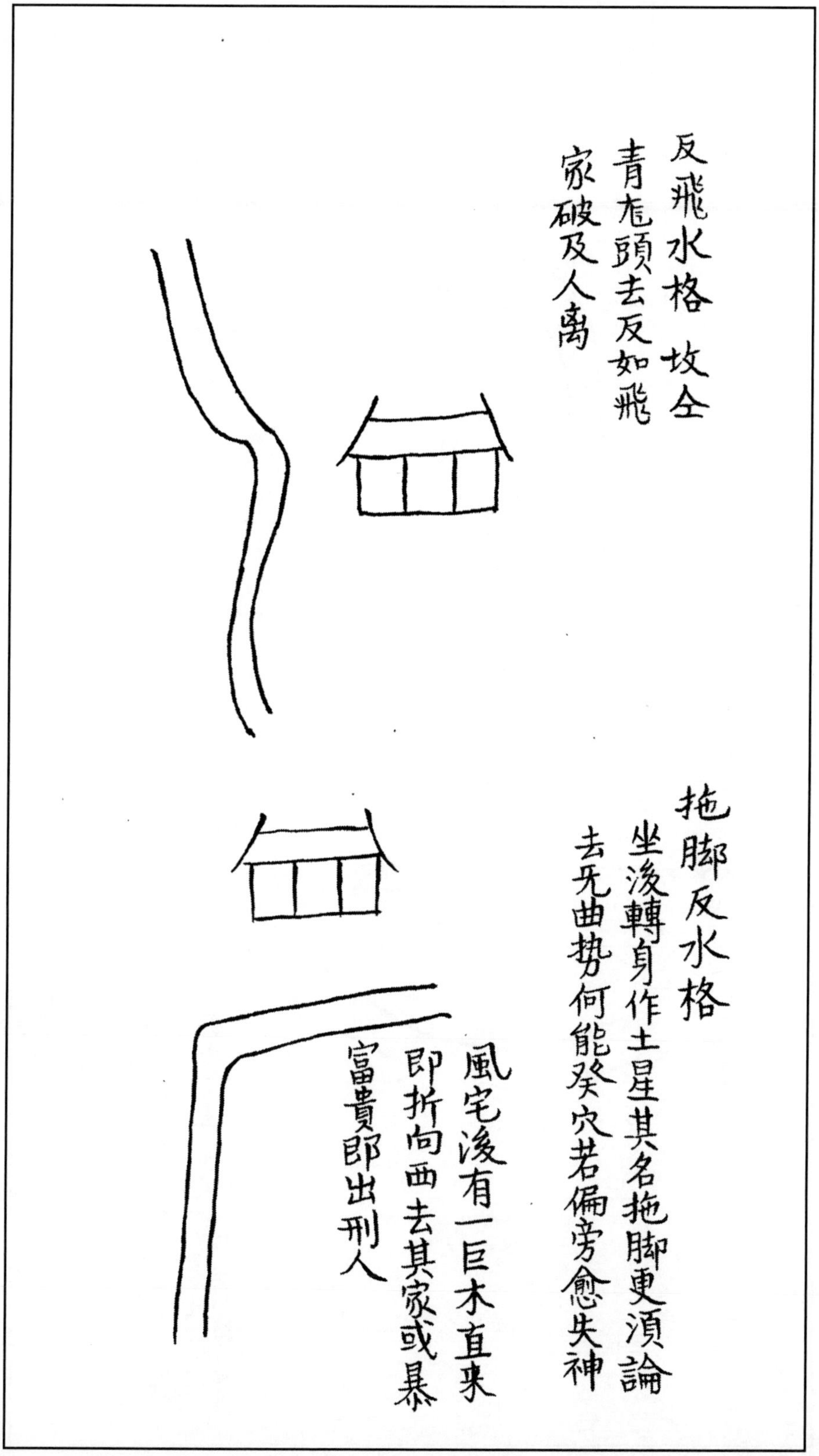
反飛水格 坎仝
青龍頭去反如飛
家破及人离
拖腳反水格
坐後轉身作土星其名拖腳更須論
去无曲勢何能發穴若偏旁愈失神
風宅後有一巨木直來
即折向西去其家或暴
富貴即出刑人

先抱後反水格

先抱後反
一發便衰

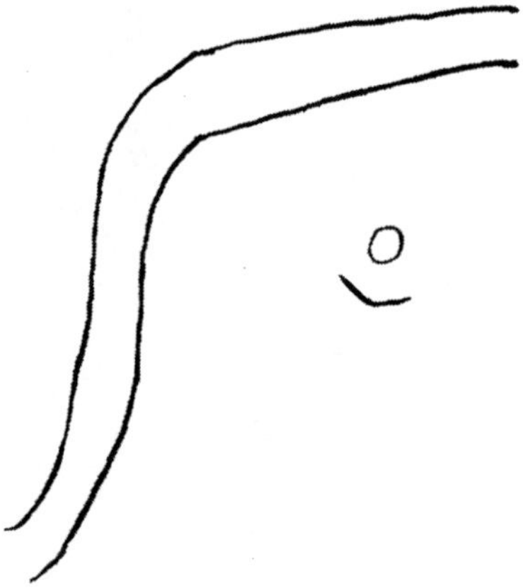

反跳水格　宅仝

反跳之水是囬胸墓宅逢之萬事空
生男定少忠和孝生女还歸花柳中

水繞過穴而反跳一文不直主凶

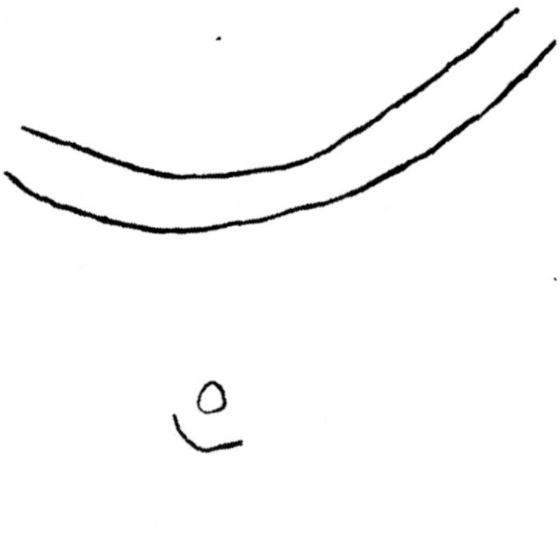

翻弓水格

水法似翻弓扞之必有凶
出人多拗性忤逆乱家風

捲舌水格　坟仝

水如捲舌最堪悲退敗人丁最不宜
瘖啞之人端的有時常嗷嘬最是和非

後雖繞抱
而左手反
去所以吉
中有凶

重反水格

水反兩三重其家
必定凶

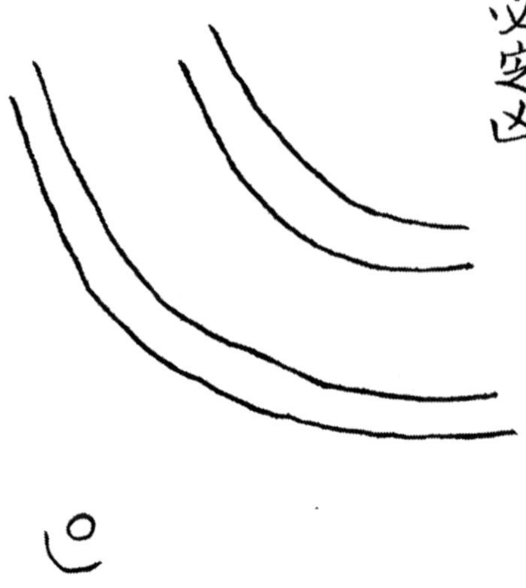

前有兩水流向塚边出者
主子孫不孝及殘疾

水穿龙臂格

水穿龙臂少年亡虎眼繞流生禍殃
更有兩边堪忌處城门斫割女男傷

水城斜走去如飛兒孫主竄移
家業漂零难保守人丁漸〻稀

斜飛水格

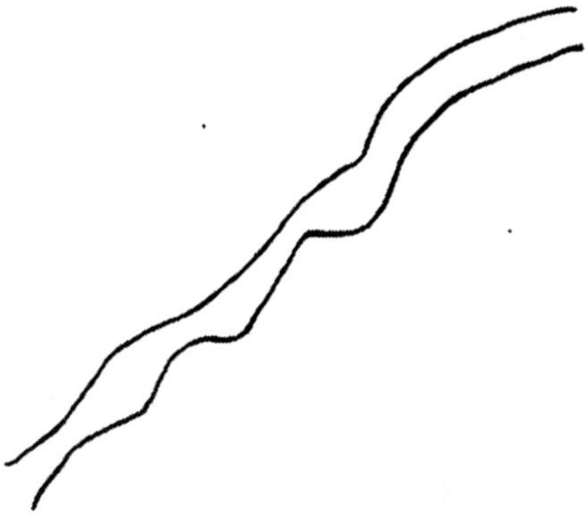

白虎一去反无情離鄉徒配人

斜飛水格

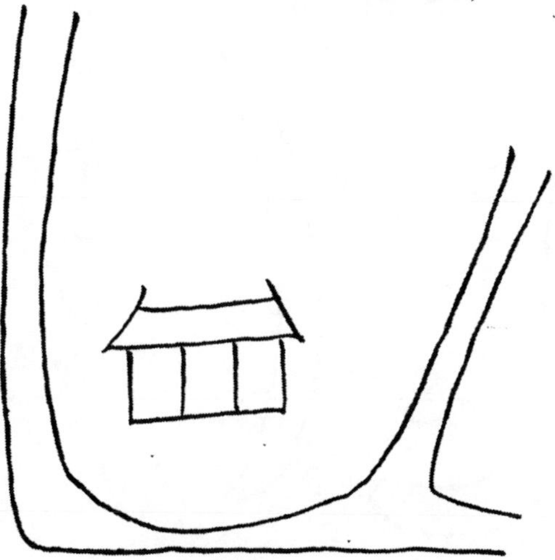

頭斜脚反兩边來 此號扛屍寔
可哀客死瘟癀并刑獄更兼婦
女性多歪

分飛格

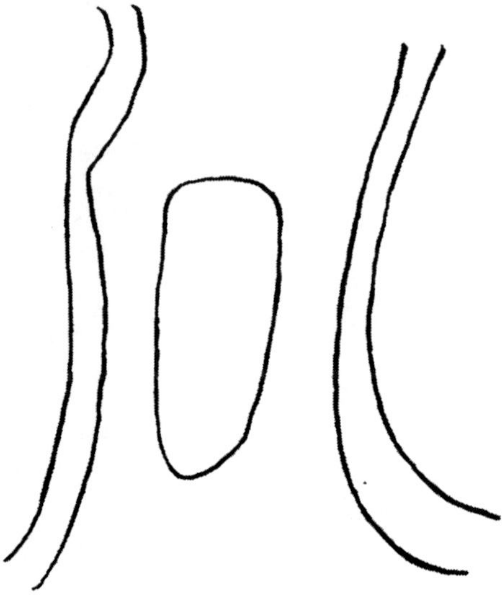

青龍白虎兩分張
徒流退散絕離鄉

分飛格

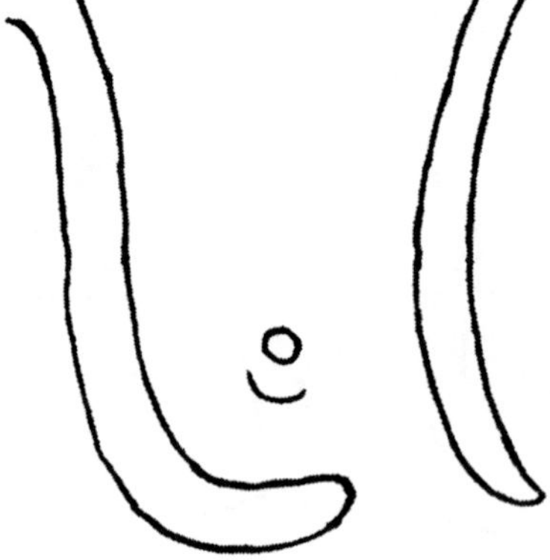

直冲漏氣格

左边有河直冲来風吹散人財

蔣大鴻曰此雖金玉城為左边木星冲破

直冲漏氣格

右畔通風水直冲灾禍立逢凶

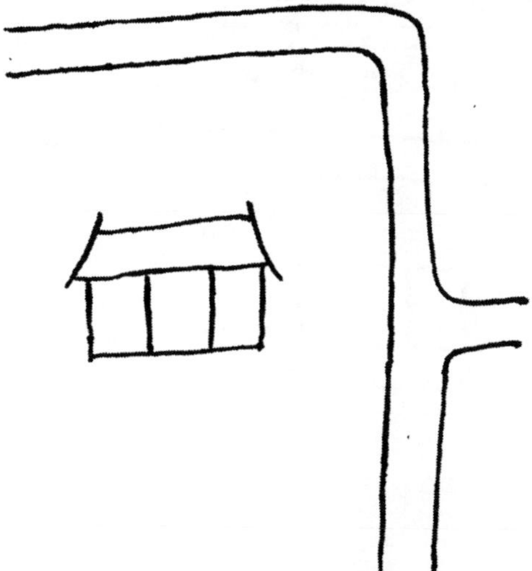

枝水漏氣格

枝前或後有此水漏之不爲吉

屋後有或前有漏水不吉

直水有枝兜
旺時不用憂
若然加一抱
福祿自悠悠

枝水漏氣格

左方小水如筆頭定主進田牛運若旺時人口盛運若衰時家業休只因水直未兜收一轉即无憂

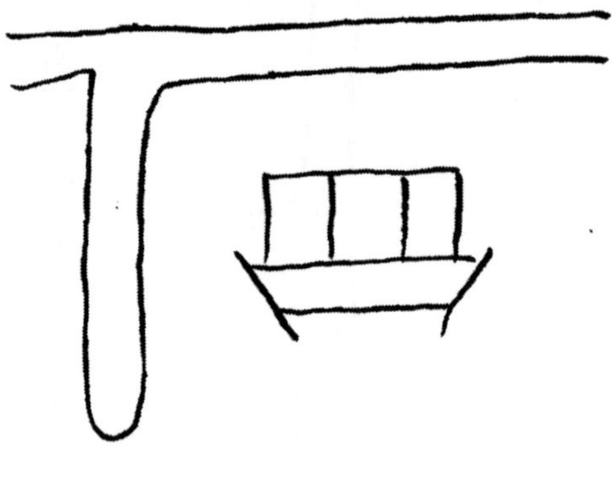

漏風水格

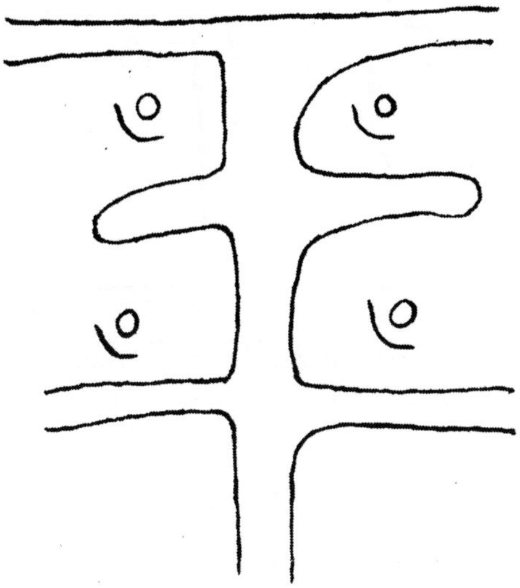

十字交流處〻通揔然織錦也
成空莫將支水為收拾浪打風
吹無定踪

漏風格

漏風吹塚不堪觀嗣子應知夭壽
看後出穿窬夜行子橋欄无阻豈
能安

交流水格

屋边二口水通風
子孫終是受貧穷

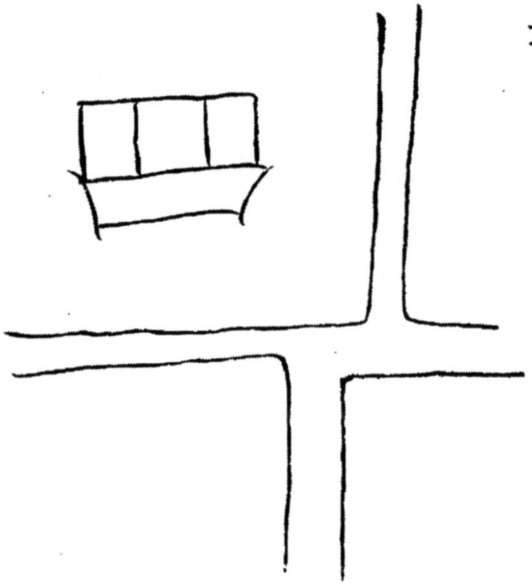

漏風格

乾風吹塚
子孫絕嗣

巽風吹塚
子孫拳宰

大鴻曰此点主元
運衰替而言

囚水格

四面水停流不久有灾憂
心疼皮腹痛水蠱藥難投

陰陽二宅
一發便衰
主一代發
福二代窮
若不急迁
三代耗絶
無收

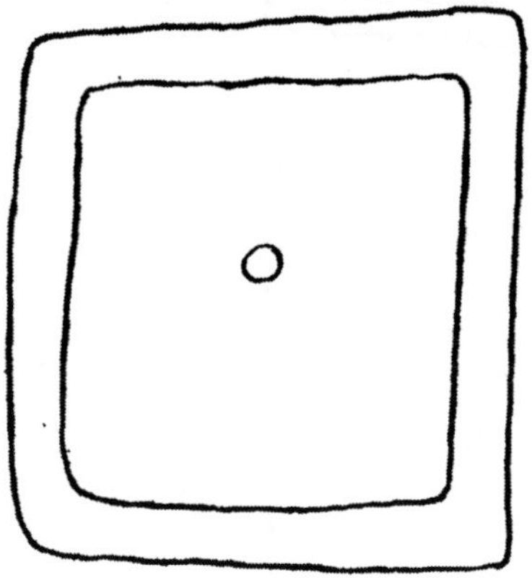

四面水周流其名喚作囚運旺之時繞、一發
運衰之日立時休擦角挨邊猶自可居中作
穴更堪憂時師切莫認棋楸

囚水格

全論

十字水格

此地不宜久居久居日漸消磨
主人口年年疾病

十字水格

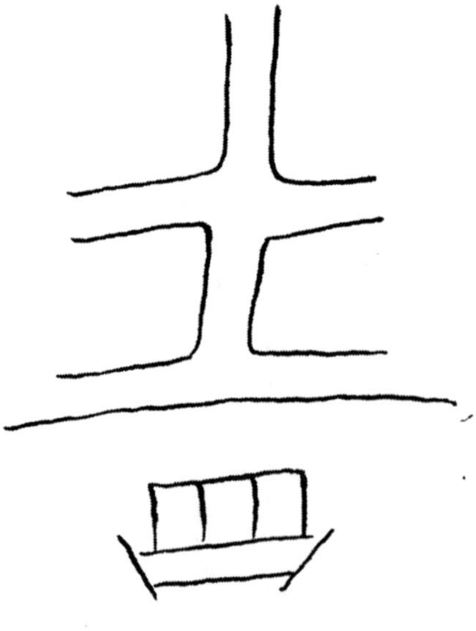

十字行来向住居兒孫手藝
只宜屠雖然温飽多成敗定
出娼優宅已虛

十字水格

宅後青龍十字河風冲鬼病磨

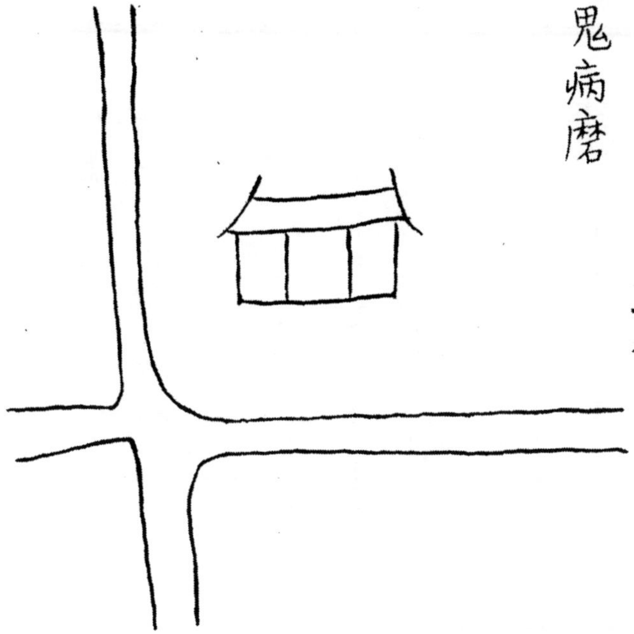

廿字水格

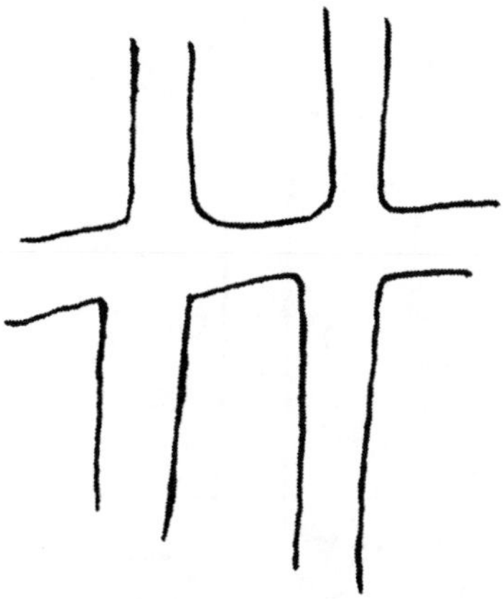

井字水格

十字之水君莫看廿字井字揔
一般此為市井人多住獨自一
家不可安

四水相朝格

逆〻四水入明堂直射不相當
若逕屈曲水迴顧財谷應無數

漏風格

坤乾二風吹子孫主亂離

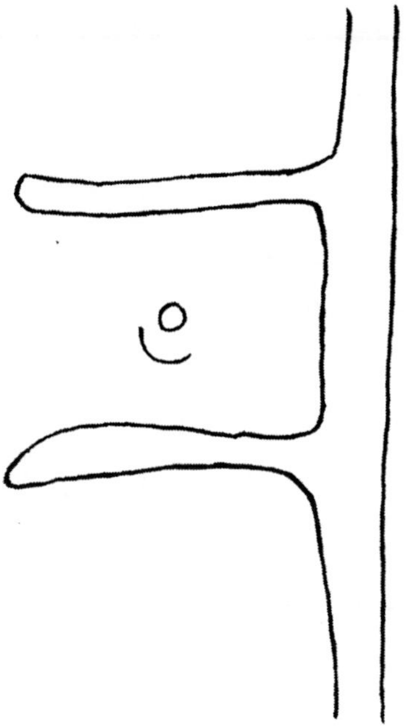

交流水格

水形似抱寔係交流全然无氣不用探求
兩水交流还抱穴漏去还消歇更兼兮走作
交流一敗不回頭

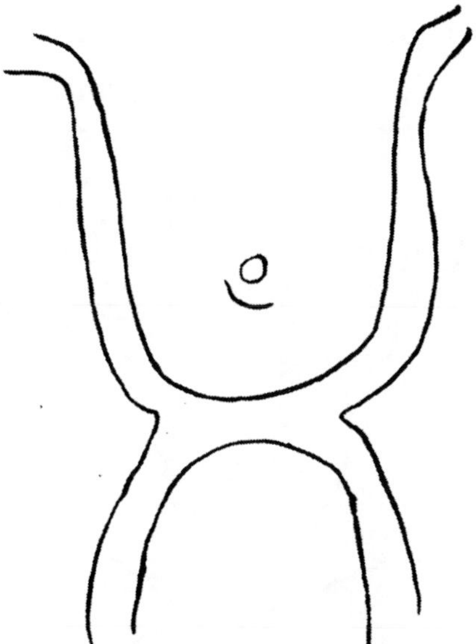

前有兩水若夾埏道交流主有殺傷

漏風水格

水来挿界勢縱横若是无墈便漏風

雖然眼裡如花錦定穴之時揔是空

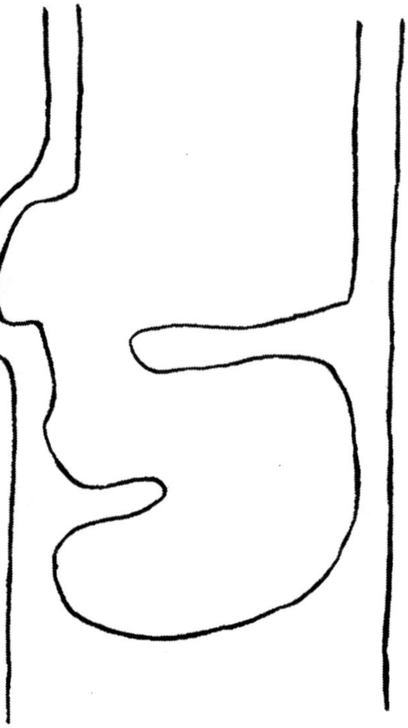

漏風水格

水向四脚飛浪打及風吹雖有灣環

并渟蓄絶无其結不堪摟

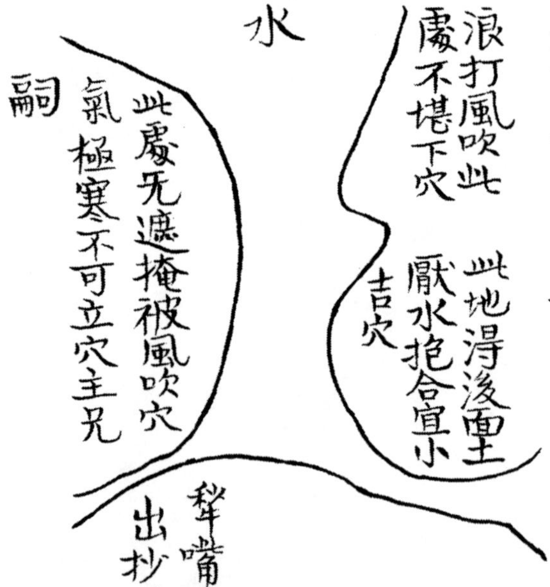

箭射格

箭水射當心飛
来大禍侵

枉矢水格

穿心之水又斜行上應天文
枉矢星刀箭加身死兵賊更
兼自縊及官刑

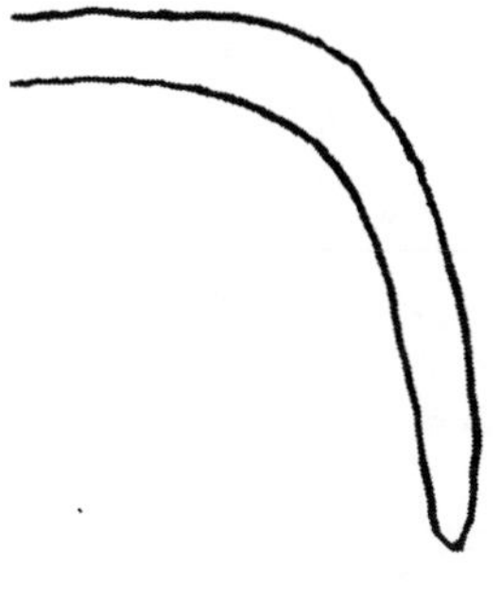

尖射水格

青龍如鎗来射身
兒孫遭凶刑

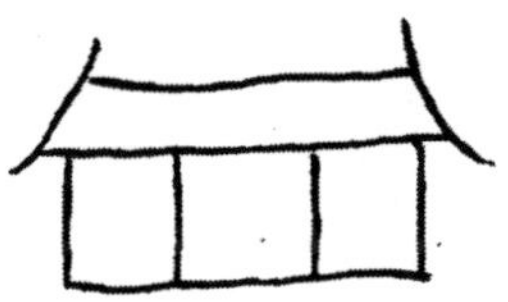

刀鎗水格

水揩似刀鎗殺人不可當
子孫多賊盜騎驢到法塲

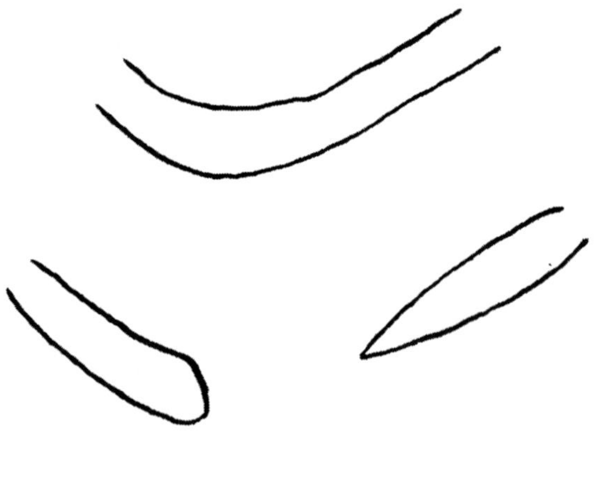

鎗形格

面前之水若尖鎗
此地見凶殃

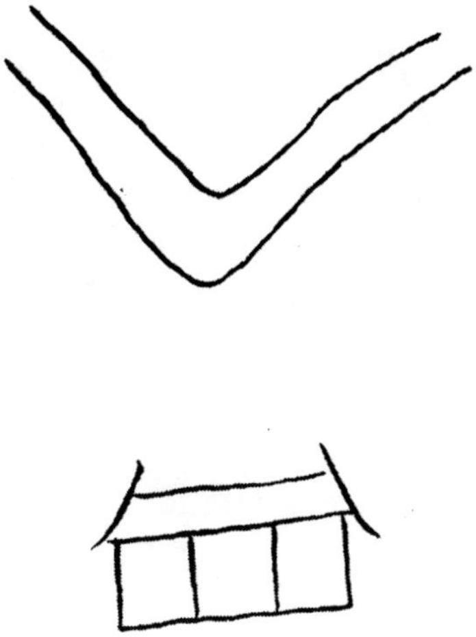

尖射格

大凡坐穴看後前〻後形吉召君安
四畔如刀来射穴此為凶煞退田園

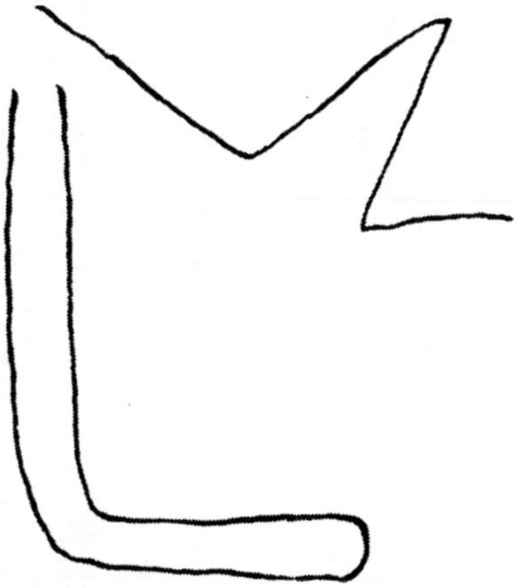

割水格

兩畔掃割爐火刑殺

家業如湯人口死絕

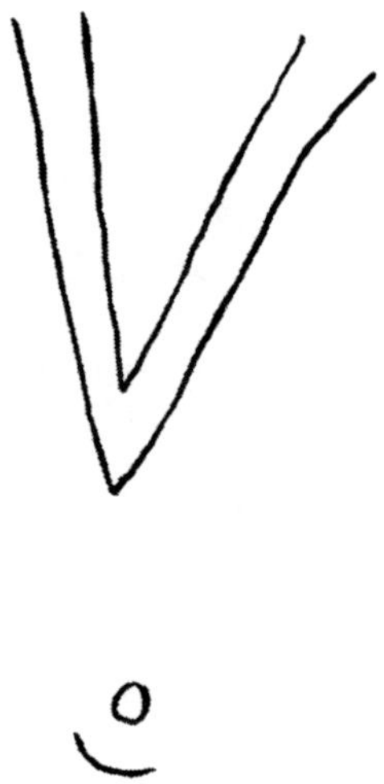

斫割水格

前水又向橫直斫割此中識

官非兵盜日日来身作大中灰

撞射割斫格

滔滔流水直冲来認取灣灣倒處栽
揔有吉星并合卦相逢立便見凶災

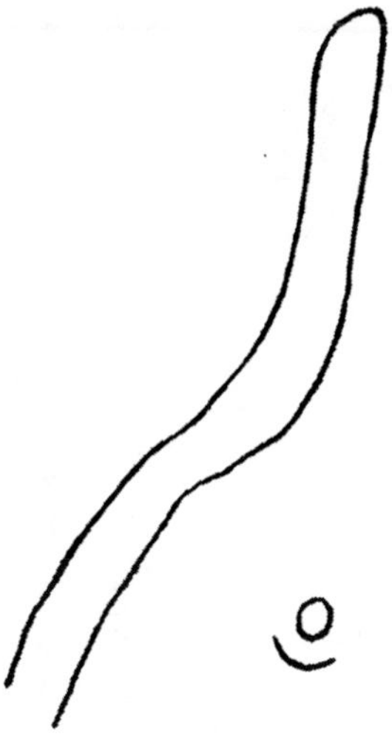

斫割水格　宅全

刀割攢坟斫割形此坟一葬主伶仃男女死亡无救助投河自縊賊軍刑

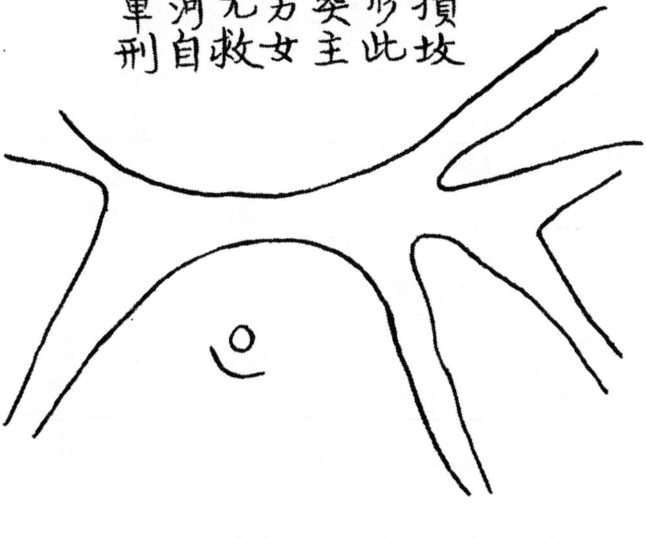

交劍格

四劍水流名割斫此地如刀斬
兩邊撞射入明堂枉死少年郎

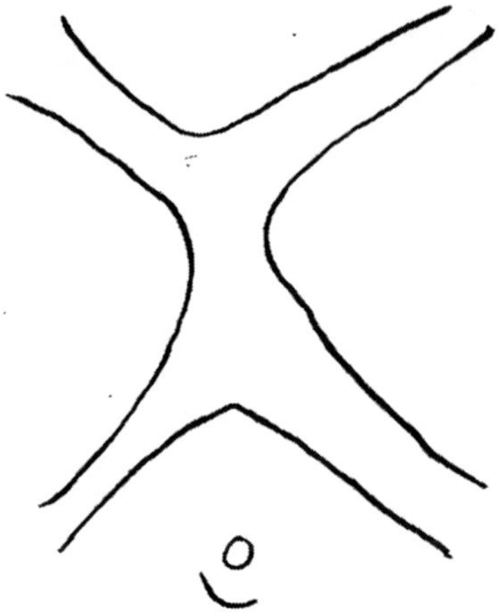

衆射水格

穴前有水寔傷心疊箭交加害更深
悪煞亡神难救助神仙到此也消魂

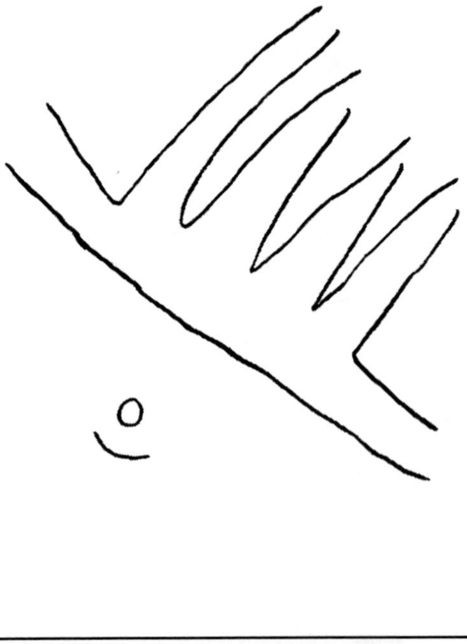

水破明堂家長難當
若不急移疾病死亡

水破明堂格

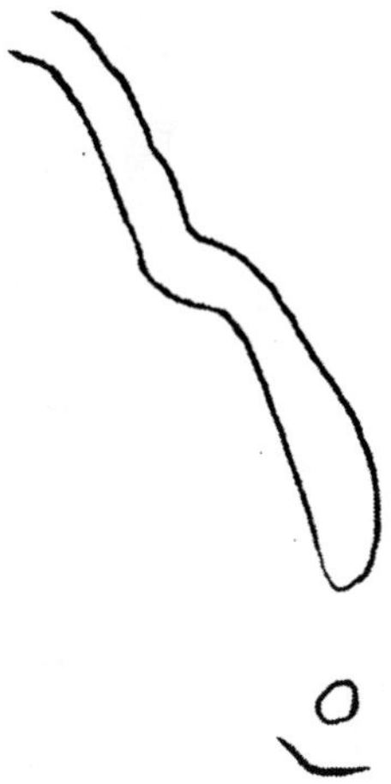

此水入明堂開張去直長
路ミ皆尖射刑獄并瘟癀

明堂開口格

去水流泥格

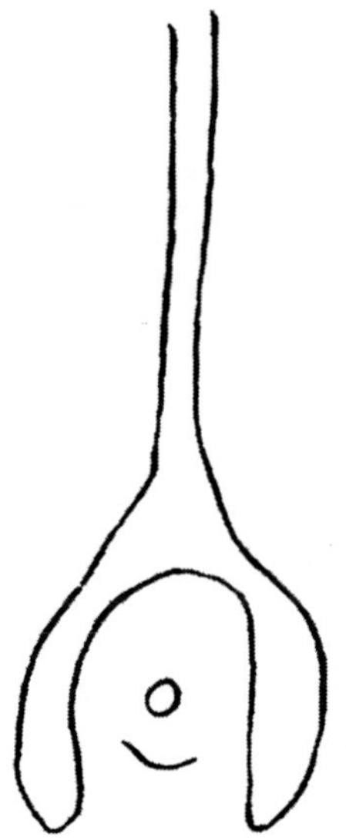

流泥立穴主離鄉只為故前去水長說与時師高着眼不須憑此悞賢良

上牛回槽格

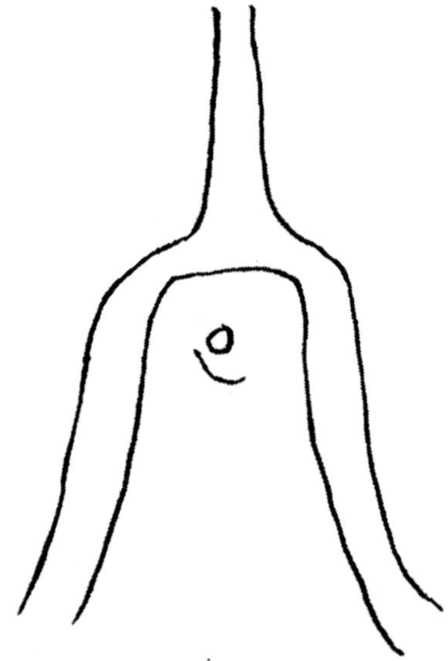

面前水直去雖吉亦不濟

去水流泥格
縱有外邊繞抱点主離
鄉退敗不吉

即牽動土牛格

之玄水格
明堂曲水如之玄土牛不動穴可扦葬
後其家大發福子孫富貴出天然

前關水格

朱雀之水両分開
災禍日〻來

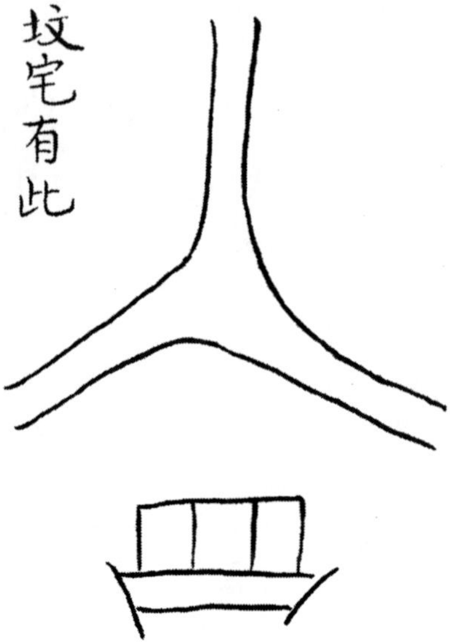

坟宅有此
主傷宅長

手叉水格 又名淫慾水格

前沖之水両分流有井當中淫
不休主出心痛人多病

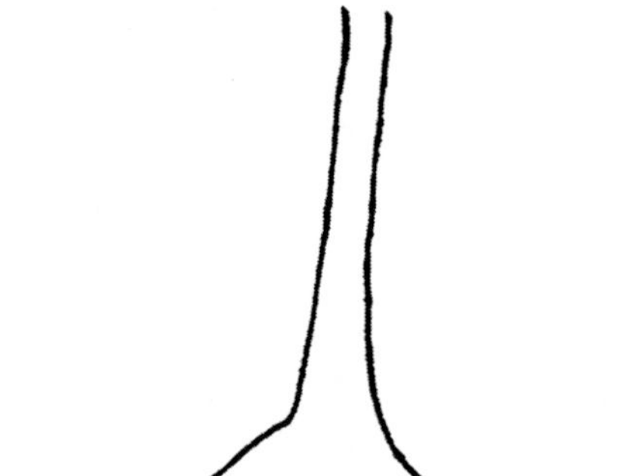

朱雀破頭格

主人不寧財源虛耗

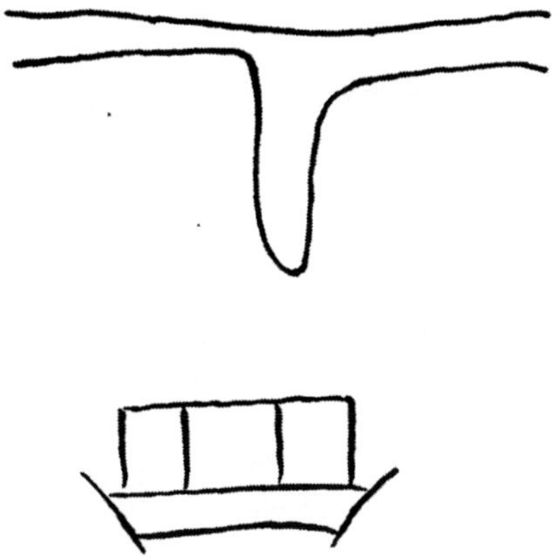

後開反丁水格 故仝

丁水損人丁後射不安寧
偏側尤為可中冲宅母聾

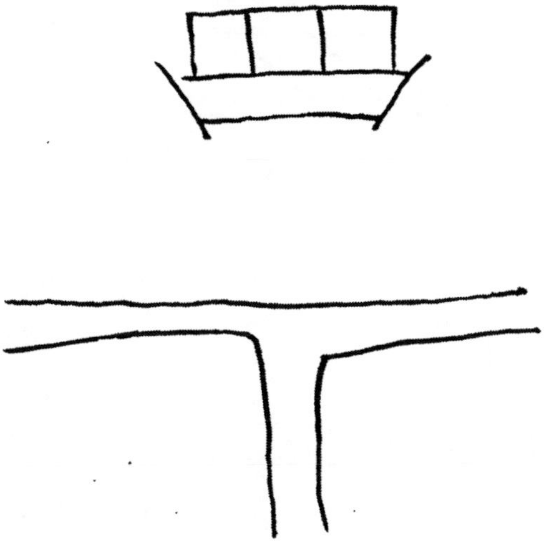

玄武吐舌格

玄武水若後冲来其家宅母
每常哀更兼小口多刑尅破
耗官非定損財

坆全

後関水格

坆全

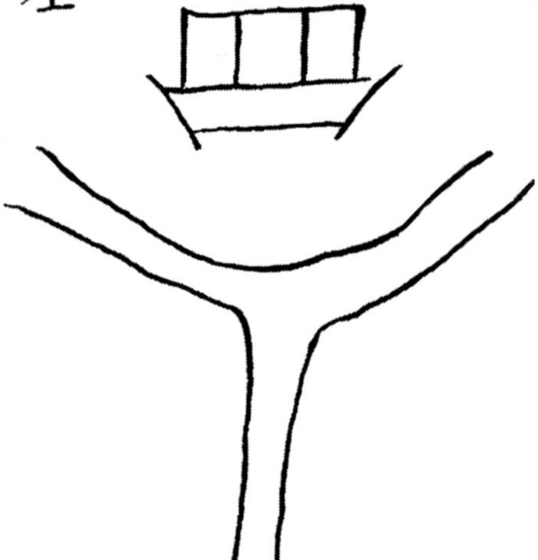

人家宅後有関流凶禍日無休
莫信時師為吉取定主傷家母

青龍吞塚格　宅仝

青雚吞塚不宜覌子孫疾病豈能安

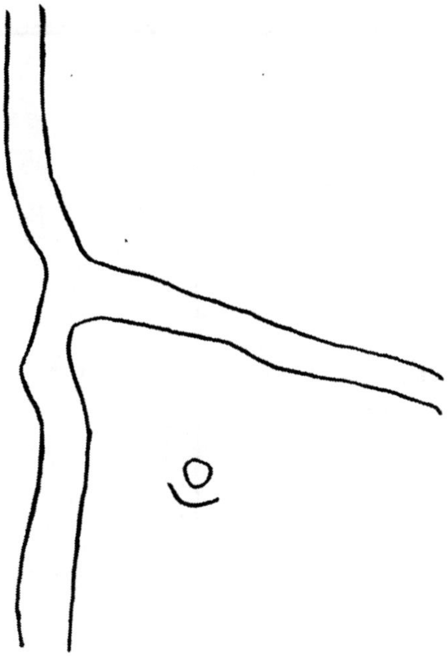

鬪水格　即青雚吞塚格白虎仝

一水直冲来尖砂兩劈閙此名鬪水格墳宅有凶災

青雚多反逆子孫無官職又曰青雚吞塚主人口頻見死亡

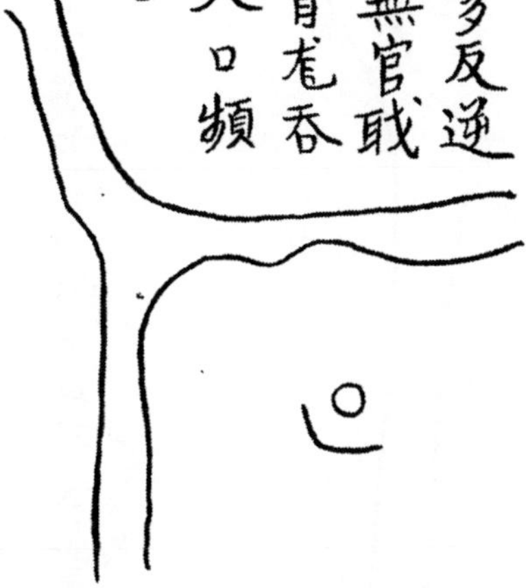

凡水相激觸者主子孫為相格戰閙而死又出拳攣跛躃之人

白虎啣屍格 坟仝

白虎啣屍最不良葬後
兒孫豈淂長

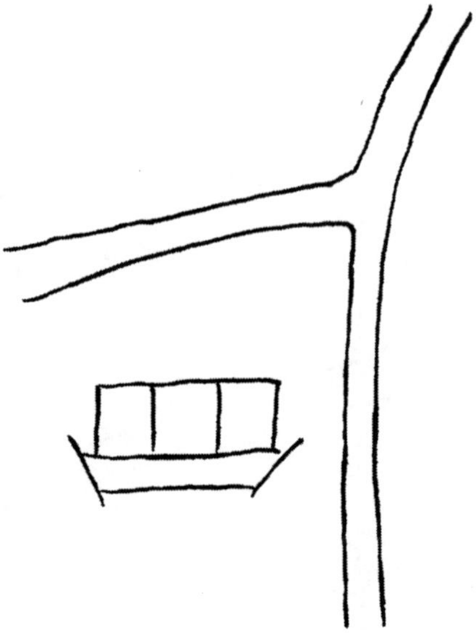

白虎啣屍格 宅仝

右闗一水最為灾主有女傷胎
小房位上家財退此法無人會

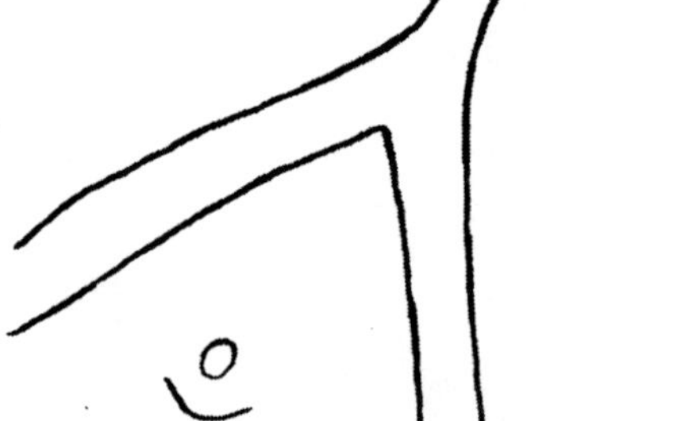

龍蛇吞并格

交加水射兩无情其家
抄佑没人丁

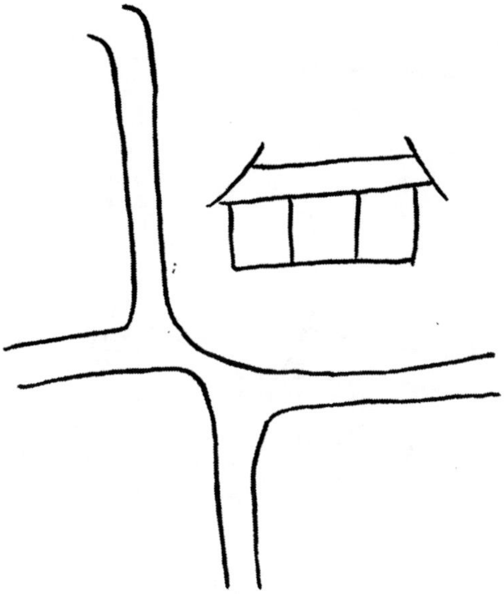

瘟關水格

前頭流水似乂斜退敗定無家
須知此地多瘟疾人死無埋骨

執笏水格

门前有水如執笏為官從此
出龙体有迴環方許紫衣還

按劍水格

门前一堄如按劍武
職及巡檢

大鴻曰小水圓者吉
尖小者凶

刀鎗水格

右邊池湖如刀鎗兒孫主殺傷

破碎水格

破缺見火星墓宅見憂驚
縱然龍脉遠亦有禍來侵

大鴻曰此宅火星為害

破碎水格

河岸多崩破家中起灾禍
喚作金鵝帶箭形捴然遠
抱有凶刑

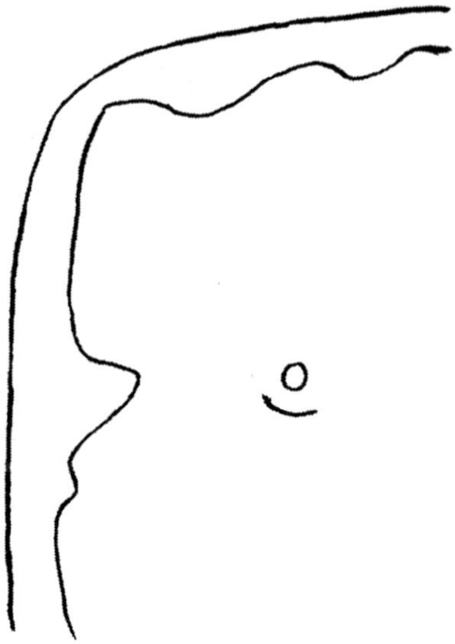

破碎水格

兩畔圩河多破缺
官事無休歇

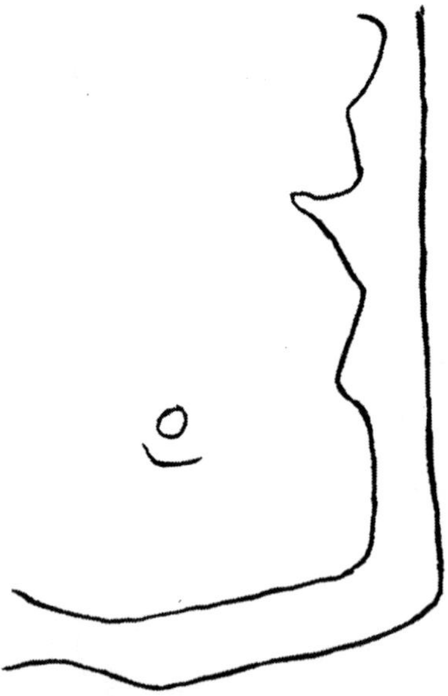

塚背之水兩分流財散丁稀门戶休凡塚脊之水分頭而去岡坑之水停滯不流皆大不祥

分背水格

凡水四散主產難死者子孫衰弱伶仃不能繼後

分背水格

沮洳之水來混半乾積垢生苔迷迷
漫漫如蝦蟇皆如牛鼻汙非水非陸扦
之生患主子孫風狂形神不莊水瀸腫
脚悪疾羸尫

沮洳水格

乱水格

水如敗絮亦似乱麻葬之必
禍狂乱淫邪

銅角水格

此水出師巫尼姑并藥婆亦能傷小口氣疾并跏跛。水形似銅角氣拘不寬廓尼姑巫覡及師娘賣藥走街坊更兼氣疾跏跛足小口多傷足

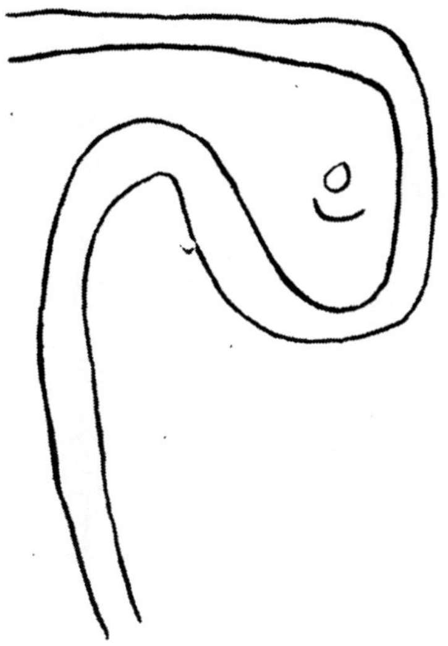

抄佑龍格

兩頭尖小中间大如蛇吞鼠難急下馬腿牛蹄揔一般出入抄佑家生怪

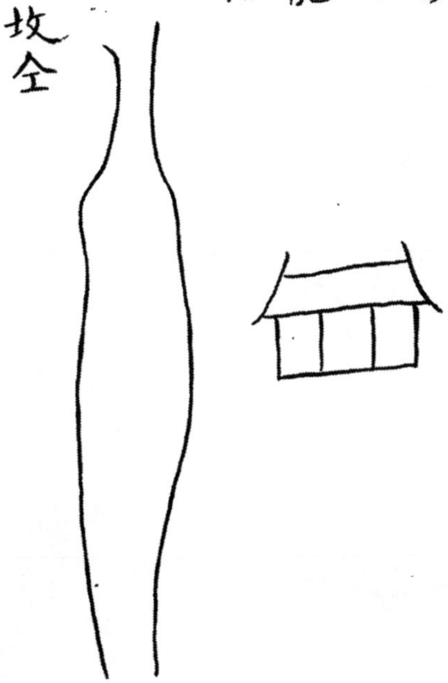

抄佑龍格

牛臂馬腿水来冲抄佑定知踪
不論左右并前後貧窮反逃走

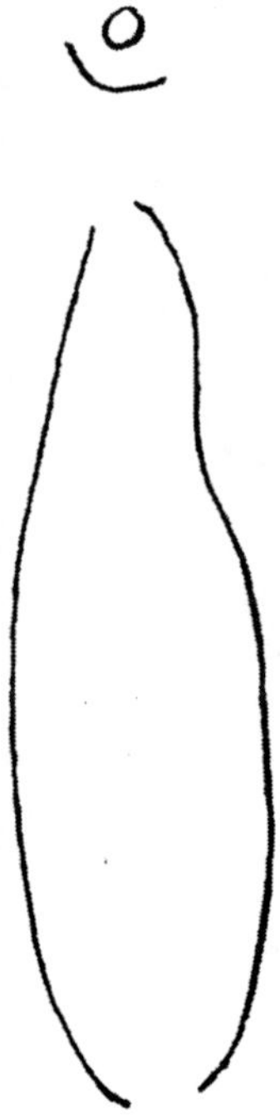

抄佑龍格

抄佑之格最不良下着主離鄉

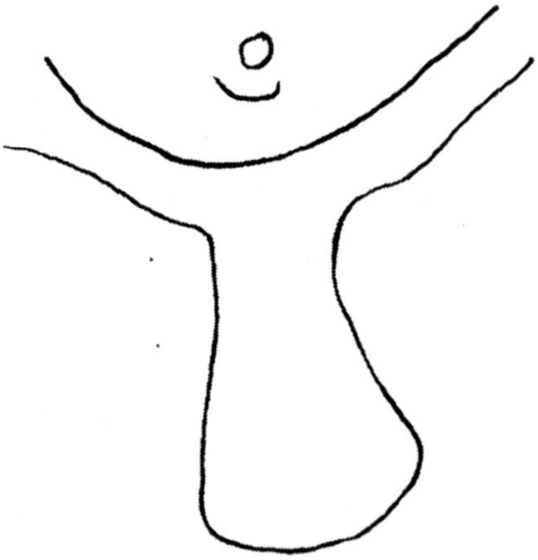

掃箒地格

掃箒地如走棋式或然三角或分飛此
為徒配君休下貧窮困苦主逃移

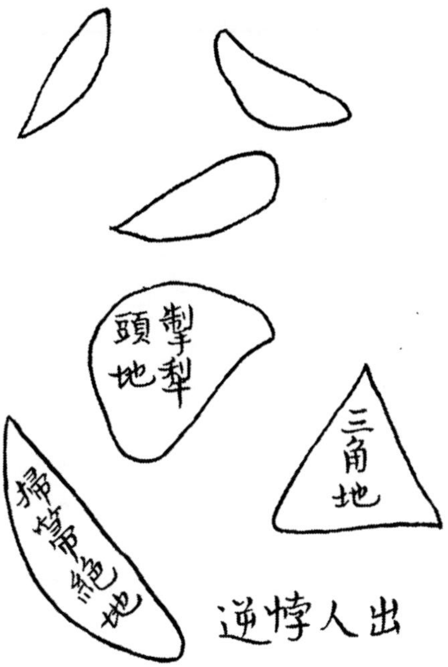

淫慾地格

淫慾之地似鴨頭鴨頭之地不知羞
面前或似楸裙樣女兒媳婦上秦樓

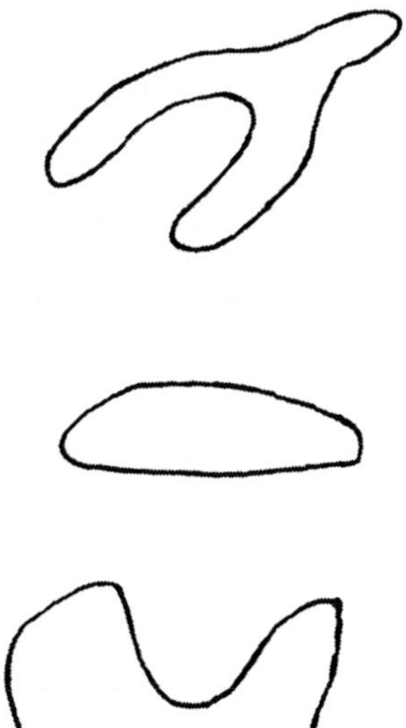

丫叉水格

边旁若有丫叉水此處定無穴

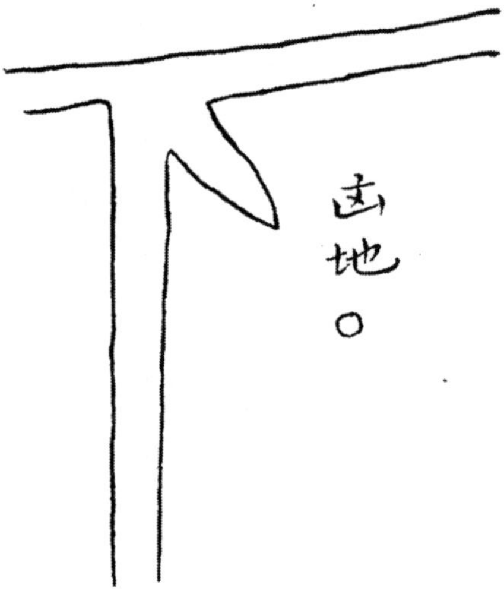

水龍經卷之五　終

葫芦水格

白虎河中帶土墩葫芦毒藥名

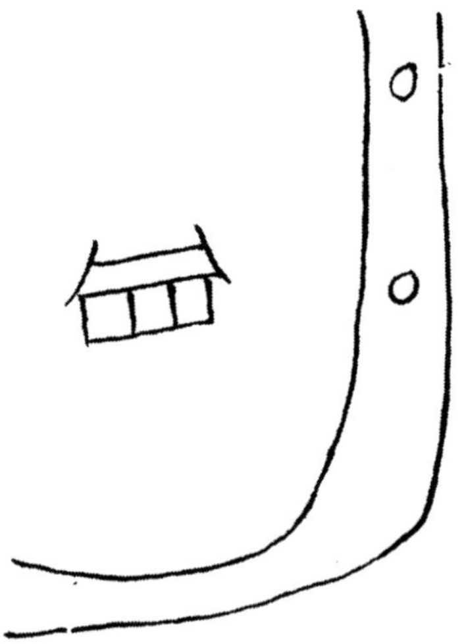

洛書九宮之圖

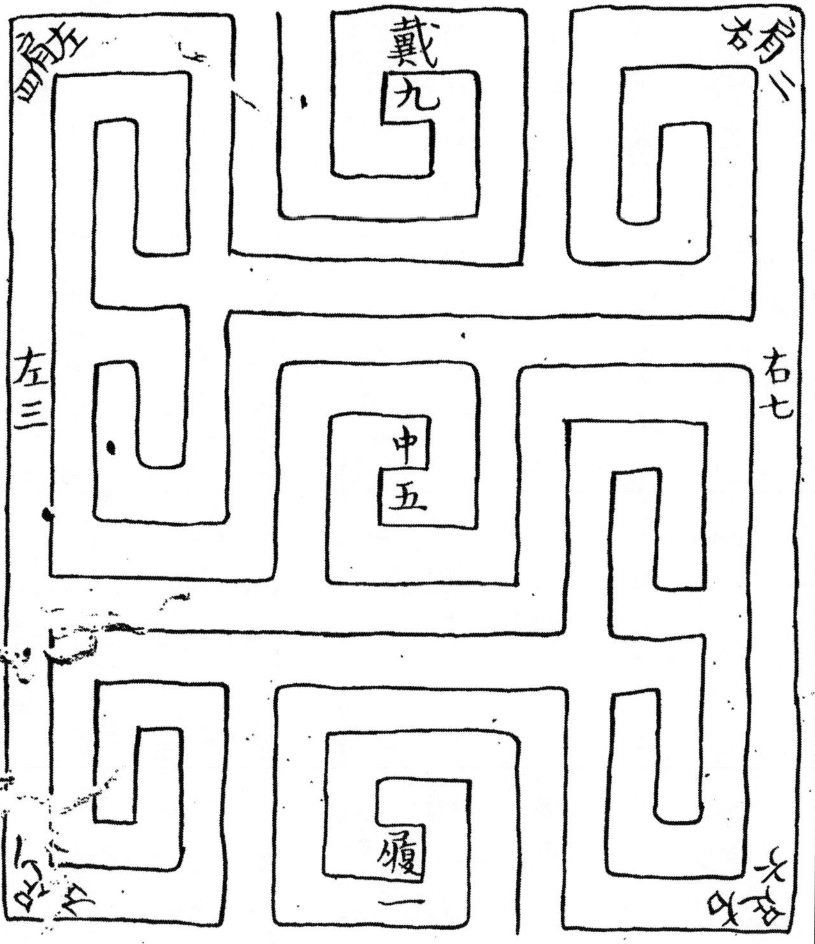

輿地捴論

風水之道先要知分會如有六七路水來交會便有六七分力量有八九路水来交會便有八九分力量又要看来水之大小與去水之大小及去口之多少參審其力量之輕重如衆水趨朝忽於此處作大滙澤然後分開其勢懷抱洲沙又復交會不竟直走悠然轉折有情或橫攔其冲只作一二個去口中間又生羅星阻塞若武將當權緊把要道有不肯放走之狀此中必結㝡上之地故求地必要作於來水之下手不要在於来水之上手更有極大水来然後結此局不然財氣終難安藏故凡帝王之地必有大江水

朝會脉于小溪澗百倍也結侯伯之地者必有小江水朝會脉于小溪澗数十倍也結卿相之地者亦必有二三路枝流朝會勝于鉤搭数倍也故曰平洋以得水為先水既得矣當審形巒如形巒不善龍雖合經是猶人具公卿之德而形貌殘僻難中公卿之選同也如形巒輻輳內外擁衛四勢團結下砂轉首一氣包藏是為淂穴穴既淂矣當審闗落如落勢不純即老幹頑枝烏能生發必得一浜一枝轉捧大浜大界之中即老幹而生嫩枝頑蕩而変秀英硬勁而化柔軟是為淂落落既得矣當審接脉如移步換形即移步換局移步換局即移步換脉第一忌與祖父尅戰又忌與兄

第剋戰。又忌與水法剋戰。如落脉得父母廕庇。又得與水局合法。即為上好真穴。然真穴所在。却又難言。非如世人以過龍作主便為真龍。可以點穴。欲識真龍點穴。先識虛實分合。土即龍之肌肉所分。水即龍之血脉所分。水為乾。為動為陽。為虛。土為坤。為靜為陰為實。易道首重乾坤。以其資始資生。動而愈出也。若乾無坤。何以資始。坤無乾。何以資生。由是乾坤相須為用。猶肌肉血脉之不可分拆。中有最要之處。聚靈精一點。如連如環。合則生。分則死。天地間萬彙萬物。俱賴此以為長養之基。如修丹者。取玄關合處。定太極而成丹。與善葬者。取陰陽合處。收真脉而點穴。其理一也。故崇於實處求生氣者固非崇於虛處求生氣者愈非然究竟誰是生氣之根一言以蔽之曰合虛與實之間太極由是而定生氣由是而鍾得此處明白見其清濁貫急即以腰耳乘之見其輕微緩漫即以百會乘之更不拘向首之生旺何如只要論乘氣之順逆何如故向依水立非依水立向實依龍立向也水之盡處即土之起處故曰平洋只把水為龍即此意也審此毋以水之出入而消息之亦思過半矣

形勢篇

水法之地○先看大江纏遶為上○小江纏遶為次○小浦纏遶又為次○凡大江纏遶○必結省郡州府○小江纏遶○必産公卿世族○凡關夾起伏界合處○只看水城纏遶○灣轉圍住○則氣便鍾聚矣○故曰、百里直來臨有曲○此間必定隱真龍○水法多喜逆朝○不宜順向○或注入城湖○或圍住○或鈎轉○必結地○或不由注入成湖○自生成一水二水○前後左右圍住鈎轉結地者○此至妙也○注入倚前○則就前扦○注入倚後則就後作○前水橫過○或特生一水○左右貼身圍住○內關二水合經者○結地○或特生一水○注入成湖○或後有一鈎相應○結地○後水橫過與前水橫過同局者。亦結地。左水直下。特生二水。前後夾住。內關二水斬合者。結地。右水直來。作此局者。亦同結地。有曲屈生入橫注之水。雖不圍穴。妙在外交。一水朝來。分開圍住作地者。雖無生入之水注穴。却有生入之水。捷在前後左右護纏之妙。又有四水流通。一勺有情。則為上穴。

夫水法之論。先取近。後取、諸遠。近者、有、情。遠者、可、得、而用。近者不住。遠者、雖、好。只、是、過、水、來、往。不、足、道、也。有情之水朝來。寂、亭、聚、河。無情之水直沖。激、用、鑽、斷。大江交會。不屈曲環抱纏遶者。中取小水生入。鉤轉圍住有情。小水鉤轉圍住者。即、真、氣、所、聚、也。故曰、外水直須內水之灣轉。內水直要外水之鈎轉。內外同情。尤為上地也。

凡平陽之地。先取大水。後取小水。先大水。則知幹龍所鍾。可以明大勢。取大地。後取小水。則知真氣所聚。可以決定所取真穴。不明大勢。則地之大小不分。不知定所。則穴之真假罔決。

凡結地之際。有結于二水分流之首者。有結于諸水會合之中者。有結于衆水合流之口者。有兩傍結陽基中間結陰地者。有兩傍結陰地中間結陽基者。有陽基作前陰基作後者。有陰基作前陽基作後者。或陽基左陰基右。或陰基左陽基右。皆從局濶處結陽

基局際處結陰地也有衆水交會俱作陽地者或俱作陰地皆水法自然不可强為

水法之妙只在毫釐毫釐有情地則成矣陽地之妙察氣運流行陰地之妙聚精靈不易故陽地有流動之權陰地有不易之見前水不宜直射後水不可直流俱要曲折曲折之中要合天星為貴就前扦者揖前水之秀就後扦者取後水之灣水常來往之地通則旺塞則衰登穴見朝來者塞之則家衰水法固有自然運氣亦能遷改府州縣龍上結地合水法者必世出公卿得幹龍之厚也御落小江纏遶之内結地合水法者亦間出公卿得枝龍之專也

幹龍大江交會纏遶。枝龍亦小江交會關鎖。論龍法者。內有同幹異枝。論水法者。內有異情同穴。府州縣龍行度之中。必作公卿祖地。御落小江交合者次之。陽地穴大水遶。鋪氣寬濶。可以造宅舍。建家廟。次及奴僕倉庫之地。陰地穴小水圍。近收窄狹。故能生氣藏骨。以致久遠之福。凡陰地穴小為上。陽地大者為妙也。

凡日月羅星等形塞水口。必有上地。北辰生氣。決不虛生。更無下砂灣抱上手者。必結美地。砂要踏其巔。水要接其源。平、洋、大、抵、少、峰巒。寂、覓、蓄、成、淵。或一二秀水朝。更來受注。不犯欹邪傾瀉反撞等形。俱為上格。

真氣論

天地之真氣。藏于太虛。根于太極。高徹乎九天。下貫乎九地。中該乎萬物。若得天地真氣所在。則可以為高仙。可以為聖賢。可以為帝王。可以為富貴。不得天地真氣所在。或至發砂揚石。或至竭海焚廬。或至血流遍野。或至饑寒迫身。皆此氣之變也。至人知自然之氣不可違。因而御之。使五行之氣行于地中。如五音之出乎簫管。宮商律呂。音雖至變。而所以主音者未始有變。但出之有序。自然依詠和聲。靡不中節。故葬山之法。必先認着天地一點真元之氣。以為呼噓萬物之本。然後取生旺以植其氣。玄空以植其神。從砂以護其体。天星以合其秀。波流以供其使。其所主之者。神也。氣也。氣之清者可以益神。氣之靈者可以遠化。然神屬火。好飛而易散。無以附之則杳冥而難覔。所以真龍之結穴之地多熟。（然又不可太過本過則然）惟其屬火故耳。（氣矣須温、和為妙）古云天地雖大。能役有形而不能役無形。陰陽雖妙。能役有氣而不能役無氣。然土者氣之母。故即土以定形。因形以役氣。因氣以察神。方用後天骸骨。乘接真氣。而先天神火。始不飛走。有變化之靈。世之迎神而不能變化者無他。拱夾之理不真。則主宰不清。不清則不靈。不靈則不能變化。世人皆以過龍作主。至于真龍一點之氣。何人有人認着時。或不踰三尺。遂有彼發此絕。彼富此貧之殊。天機深遠。茫然瞶然者。安足以擬其變化哉。苟能識得真氣。則頭頭可做。認得真龍。則路路可通。不必執曠野為披氈。或梧桐葉上能生偏子。不必羨雙關為精粹。或二氣兼行反為差錯。明此則知穴氣者。先天地而生。後天地而成。不假人為。不容造作。或分或一。其權無兩。其尊無對。至人知其氣。御其極。故能顛倒五行。玄空顯法。天星呈瑞。莫非靈物。將此幹旋造化。神聖功績。長養萬彙。以遂地理之宜。與天地同功。非握太極之根者。孰能與于此哉。

穴情篇

三合英靈要靜專取忌旁雜相牽纏一字察夾為精粹與水合卦福祿駢若是陰陽注兩弦家計削時如流泉更兼刑冲與尅破禍咎踵門寧有痊若還雙拱氣不偏收着即便富貴堅如何雙拱便受益三合子母情自懸雖是連環兩个圈骨月相通造化全不拘偏角心中受合得神功妙奪玄亥兼丁時一氣妍丁兼卯時情亦聯卯兼乾時長不利亥兼未時少房蠲丙兼艮時秀氣旋艮兼辛時貴亦延辛兼寅時亦小吉如斯餘局亦類然主垣形闊氣難合當扶露珠垂草訣放下一邊為後圖本身要辨雌雄穴這個雌雄

認不真放水錯亂嗣孫潔運氣若交乘下龍本身主參詳為家切
層〻包裹雙關節見道人〻多喜悅如何畢竟不出官內化陰陽
岐界裂亦有雜受小發福先看主垣氣未逐若是百會受得真傍
我無權亦旋伏又如陰水與陽木水木兩經不相屬彼此朋山生
旺連更行本庫悠福祿墓脉单收家孤獨庶子螟蛉亦難鞠若無
貴宿不同論房分羨好興嘆暴一脉清寒富貴高那知外夾更堅
牢·亦有单行無後應外要砂帶環波濤穴有直來直受切須防直
來直去絕來去之時一句間此是龍隨水轉訣龍從一氣固堪悅
轉有結子花繁蘖大要毋壯則兒肥將衰總孛依桃李結本主清

貴成閥閱切忌剝龍行剋泄亥龍若交戌上行便是富貴生敗訐
清裏清時官不行濁裏濁時如底豨清裏濁時何劳靚濁裏清時
人亦微旺見旺時着紨緋旺見煞時受刑威生見生時人千口生
見煞時人口微旺生見煞或解鋒以煞見煞難免凶更兼八曜来
觸動全家刑戮無遺踪雖有金鈎掛月形若離太極即非真縱是
千葉蓮花勢点要五行作主賓若是五行太極空功曺傳送砂水
雄歸曰兵將離心局縱有福来点不洪木星陽面要朝阡土宿還
從四角堅金真点要從邊下水形妙在動處扦捻其穴情則有正
穿斜穿單穿雙穿花心止息閃受逆掛順掛外應桐子從向等名

水法出入神煞篇

乾天也為陽為用為動故向與水取法焉坤地也為陰為體為靜故龍與穴取義焉是以乾坤定位而陰陽以生以旺体用交錯而動靜有神有煞方位既定山川效靈故求嗣續則係長生貪富貴則首生旺塵世共能知共能行不知有生而不生旺而不旺有生中之生旺中之旺有生為死根死為生根有旺為衰根衰為旺根塵世莫能知莫能行能知能行者山川之常數不能知行者山川之變數常則造化之權易盡變則造化之權難窮故金數六木數六水數六火數六四六相得而各有合易云雜而不越于稽其類

是與神物以前民用也金數四木數四火數四土數四水數八四四爻八不相對而不相合易云參伍以變錯綜其數是或變化而行鬼神也神則蔭祐鬼則賊害是以至人竊天地之玄而運以至空將陰陽之至常而通之至變必使旺中無鬼而富貴捷于轉杼生裏存神螽斯鼓于眉睫死絕處兒孫千古休衰地爵祿萬鍾勿令生處被尅受伯道之愆旺處遭傷來范丹之苦神哉玄空人知得旺斯旺時有不旺之旺人知得生而生時有不生之生故或賤水一勺隱顯共扶必朝貧而暮富雖有秀水特朝明暗共傷終日衰而月替每見木局死坤必前一位入坤宮而反吉水局生申

畧進一星逢庚神而多害善其術者知暗煞之不可不避知暗煞之不能盡避于是或制化以全其體生剋以善其用神彰鬼伏煞曜化為恩曜正煞變生仇星亦是恩星三合為經玄空為緯顛倒變化自有神機真常拘執反失玄微古云五行顛倒大地七寶五行順行大地火坑信夫

旺神退流財源失守旺神破剋財亦難久生神倒行嗣宗鮮有生神被傷亦減其福如斯旺生豈可概狃要知輕重君臣相守陽主土龍以水為從陰主水將土為兵鋒正剋暗生福必來亨暗剋正生家道必傾旺生帶煞制則不行若能化煞亦見安貞援神明旺

可以解兵若先受制煞亦漸萌生尅制化如何最精鈞合冲照空
谷傳聲丑未攻穴最喜申庚若還制化可以和羮十道宮神潛相
嘗攝生入尅入幸其朝穴生出尅出欲要流折貴合天星貪巨武
切初折淂訣交遞為泄禄馬不空火神流徹兒孫翰苑早出人傑
四墓惡弱休來犯着與龍合凶必遭兵虐餘尅合曜其禍難却諸
法淂地又有陰陽ヾ無陰濟終為無殃陰無陽輔亦為孤娘陰陽
相應道乃益昌詳觀天玉理則彌彰

天機神化論闡大玄空

天機者玄女之精妙也鬼神不得而知造化不得而盡凡五行所位五行所見造化之質也至于合造成玄實處求空造化之神也巧奪造化者天星不能拘衰旺不能執至于魁罡之山而富貴潛生抑難測已人之所以能測者何土吾知其為山湖吾知其為水若千人徙之山必頹萬人吸之湖必涸以其日月所知有形有數則易窮易量揔未離乎五行之質使然若離五行之質凡可以入聖賤可以致貴超乎世表視之不見雖有吉凶何所証于位哉或者乃謂不可見則如人之無其身而為死人杳冥莫據矣不知可

見則易量易量則難變化無其身而不可見非無其身也全其神也無其身全其神此真龍之能脫骨所以變化而彌測也故能制富貴者存乎神離五行之質而存神者其唯玄空乎每見六秀環列龍虎侍立端麗動人穴之則凌夷衰微禍害交積不知其質雖全而所以主變化之神失也試略舉神之為道以示其槩若夫陽局乙山坤局龍護向而以辛扶坤向護龍而以丙扶乙申水帶卯巳而朝入乃生龍而生局也丙水帶午而流出龍尅而向比也陰局寅山戌局龍護而以卯生戌向護而以未尅寅艮水帶亥子来朝巳亥尅入而子則類也丙水帶午而出則龍尅而向比也乾亦

龍之類也陽局甲山甲向甲水帶午坤朝入午坤者生龍而生向也折歸坤位庚伏酉巽所以比龍而比向也陽局未山甲向龍顧向而以坤生甲向顧龍而以壬生未甲帶坤申入朝生穴而生向也辛帶巽癸入朝所以益龍而益向也流歸庚位庚藏亥巳酉亥酉則益向龍巳則泄也如斯者刑冲不加其位尅戰不加其身富貴憑來不假營謀自然叶吉豈得以形質而測其萬一哉若以形質而求造化或偶合其神機而發祥者有之若不合而欲致富貴之無間吾未知其善樂五行之中玄空者顛倒之機變化之神也將施用于萬民則宇宙在手萬化生身矣豈不奪神功改天命哉

姑留此以待後人隱而勿洩足保道體無貽咎焉

折水訣　大玄空

第一折水干要親支干若誤定生嗔一折本位龍顧向二折加來要財緡三折行從印位去假如乙甲巽相因雖有大地誠堪羨若帶關神不足珍吉地如何不做官小神流入甲庚身即此流神竟散亂四大尊神關不真家道衰微日凌替只是退神入小神祿馬不催財不旺因茲日逐多艱辛為官多是青年死殺星只為畜支辰富人忽作貧閻漢祿馬流入小神濱更犯關神出去任君金寶化為塵大神流入小神位退神相接富亦貧亦有既富更尊貴小神流去入中倫祿馬奇貴貪接去出大城門外又蹲中有大小

来相折富在兒時貴在孫乙甲更兼丁丙巽辛庚坤與癸壬乾艮

是劉公折水法未知根底莫輕論

凡水去則龍來不去則不來譬如吸竹入水倒閉其竅其水不升開之得法勢雖千仞吸之水上是以水口不可遏也遏則龍氣不來水口不可曠也曠則龍氣不畜須要緊小渴法為上

評砂篇

砂者所以護龍而庇穴也龍為君主砂為臣奴無奴莫問主無君莫問臣古人之格言也然識近砂易識遠砂難遠則大々則暗知遠砂則知大地而暗神悉為招攝然後于大中觀小々中察脉真脉既握然後遠近大小之砂皆為吾之手足可得而使也不然砂自砂穴自穴其何以攝焉山地之體必重九星而取形平洋之体則重九星而取位其形體正有不齊高下長短肥瘠偏正連散合聚何能盡悉揔之以有情相向方為有益或衆水朝來湍急一砂環抱以護其體或衆水奔流而去一砂逆闌以固其勢天門浩蕩

而朝入或生数砂分裂其勢俱作秀水朝入澄注穴前地户汪瀾而直去或作数砂曲折其情扶入祿馬御街悠揚而去此大地之格也至于四獸降伏角砂貼身有力應樂輔弼有情天關開地軸閉羅星塞此中地之格也至有兩砂夾拱龍脉合經水神得托穴次地之格也故云真龍象左右環砂伴條條盡伏將軍喚拜案層巒累疊形縈鎖城門流曲瀾盡之矣倘有麁蠻臃腫破碎斜飛脚竄硬反背此砂之凶惡也或龍行而不輔或穴立而孤獨此砂之離心也如龍真穴正羙砂輻輳自有妙應故熟覯古人之遺文廣覽舊蹤而變通之砂易識矣

九星篇

後龍玄武蒙何名在天成象下成形斗星分掌山河位離宮打劫合三停八宮會得世無鄰玲瓏妙法最幽闡五行來山尋正骨方顯陰陽別有津甲丙庚壬四陽神值得星從干順輪乙辛丁癸四陰位逆轉星辰支上親逆順連珠三匝輪貪巨武輔為最珍挨得貴星加本穴破祿廉文不作嗔水上若得吉星陳子孫榮貴福如春再得吉星水口去不日當朝車馬轔欲得星加福力益先要識星分重輕陽干之位隨陽重陰干之龍陽配令若兼五行用得真貴榮閭里足金銀但把諸星逆順轉畢世豈能超衆倫昔日楊公

度萬民救貧之訣留後人瓊林寶庫去襲耶取時幾得不回身莫將
此訣為困塵莫將此經為等倫若將此經度不仁天地豈免責君
呻

審向篇

向是龍家之叅將禍福少遜兩相枤後龍不及向維持要與龍氣互相向只是向家生旺理不顧龍身死絶否是為黨惡叛主人福不來臨禍相倚喜神旺相愛照灼大忌藏奸隐作虐能把暗奸化為神富貴原来攸好爵向與龍神合得真貴奇禄馬貪要親號為臣助君公力福源倍至謁紫宸前有堂氣喜合局後有生氣要順續但因接氣有早遲古人立名多委曲接氣須知接氣根第一先融百會痕莫教氣直來冲散腰腧耳泉次第奔此理原来始何因人根在脳物尾尋不信人生首先下萬物初生尾逆申陽向須配

陽龍數陰向須與陰龍朂如斯陰陽認得真接脉無差財產沃假
如亥龍巽向正其次丙向勢亦劲乙向陽神配不純辰向陽兮天
羅病午向陽龍暗煞獍因此左越取卯令右宮隔四取丁干陰龍
陰向俱秀映午山午坤申向扞丁宮陰向亦堪穿惟此陽龍濟陰
向陰龍不可與陽纏假令形局氣不動玉尺金盤圭璧賵如此那
分陰與陽權隨向轉控來送如斯形應可相推要識關神與去來
三折直上御街位兒孫不日捷經魁

救貧要旨

地理之術莫先于救貧救貧之局與致富貴之局不同致富貴者形勢長大濶厚應于宏遠如草木之力厚者其卉發遲必繁大而長遠故難發而難衰也救貧困者形勢淺近狹小驗于眉睫如草木之力薄者其卉發早必微弱而短促故易發而易衰也然取天星水法亦有優劣致富貴者貴陰而賤陽救貧困者先陽而後陰其理安在陽行健陰行遲者造化之數如金木者形質之體待年之物也金百年而後成百鍊而不磨木歲而後長寒暑而不朽是以功緩而效長水火者無質之體倏忽之物也火瞬而燎源轉盼

而歇滅水頃刻而襄陵須臾而竭澤是以功速而效短故能救貧者莫過于水火二經矣不知水火者寔天地之交氣變而為坎離也離淂先天之乾坎得先天之坤二卦括乾坤之始終闔闢相生陰陽相感蔭枯骨以澤生人者寔為冠首故貧困之子待金木而敷榮候之皓首將以朽矣藉水火而資長望之旦夕庶其應欻然二者較勝則離又捷于坎矣故訣云離山丙水火龍精不下着濟人貧丙山午水特來朝財貨忽然饒離丙來山丁水清富貴速相親壬山子水〻之神五鬼運財盈坎山坎水旺朝入石崇富可必壬子二水山癸水莫驟富非逡巡如此水火可救貧龍水須貼身

水若遠朝龍不迎陽山水不靈縱然金水功應遲切近亦便宜㪅嗣之法無二理三隅可相擬

論木根牽棺骸骨訣

寅甲水　乙辰水　戌乾水　破局者驗

大凡龍無氣脉穴亦受風必有木根牽入棺内貫其耳目即出耳聾目疾之人貫腰背手脚或出跎背躄手跛足之人皆此故也

論斷水浸棺内訣

乙辰水　坤申水　壬子水　寅甲水　破局則驗

盤針論

大地之氣無所不貫而獨堅于金石大地不可考古人借浮針以驗其氣浮針者産乎地者也故象地當即地以驗地而地正故用子午為準地寧靜而處乎内者也故龍穴之寧靜者以之玄天之景無所不麗而獨炳于轡儀玄天不可測古人借土圭以測景轡儀者根乎天者也故合天當因天以測天而天正故以丙午為準天輕清而包乎外者也故向水之輕清者以之由是天地判而節氣形方位定六儀環布三奇旋遶先天之辰剖析為五〻者中央之成數也中央之性無所不在故五行數各具五然既有數豈無

所屬故地盤以地支為主而天干為附以中子而對子之中以中午而對午之中而大地之性情以正又詳悉之為百二十以中子而對子之中又以中子而對癸之中而太極之精蘊極矣天盤以天干為主而地支為附故以中子而對壬之中中午而對丙之中而上天之性情以正又加悉之為百二十以中子而對壬之中又以中子而對子之中而上天之精蘊極矣天地之精蘊已極復布渾天三百六十之度以參考周天之十一曜施九宮星辰之成格以詳其高下而定吉凶焉外參度差錯空亡關煞之度揔擇分金之旺相冲陰而和陽者用之則外之關煞不期避而自避矣

摠䟦

是道從來始玄女演自葛景盛曾楊文之行世已云盡秘密之處勿闡揚大抵古言不盡意巒頭大抵說真蓁尺寸玄微有神異若還辨脉不精玄下手裁時便胆悴富貴之坟砂水全明堂端主穴中鈿若下窆時隨凌替小户傍扦福又滑天豈獨與富貴妬德若喪時穴不遇德若深時富貴來盲扦也合神仙路自是時師眼力庸兩水便道夾真龍若是脉還差一線陰陽交戰禍來踵陽和萬彙皆來育陰慘萬彙皆被戮要知育是神火精戮是脉寒水脫輻世人那識神火精隱在氣中逐土塵誰知氣是生坎户坎中有火

人孰詢善識火者搆其光上下四旁皆有芒太近太遠光不接〻

得無傷百物昌接脉下手窕何如尺寸分明界不摸逐宮合得真

經緯陽和蔭骨福祿舒玄天派有十二輻〻有陰陽共四六上貫

乎上下貫泉〻當盡處天根復土實氣靜空則動〻則氣縱龍点

送大塊不空氣不通〻不知窮何處弄水到窮時太極明太極定

處五行根五行極育生八卦一卦三山建始萌識得真龍縱橫氣

將把羅星覆在地八面威風盡得乘二十八宿皆環比因知龍穴

幾般名穿針眼與粒粟睛梧桐楊柳楊多懸擬得訣忘詮理自真

○古云天下道理陰陽五行不雜一○這般個者生死之根陰陽

之祖有大的有小的識得此圈處處皆有偈曰白玉團團兩个圈
乾旋坤轉任自然能知圈内四般趣便是人間行地仙

康熙辛丑冬日雲亭手録

坤者以水土從申其勢受尅故木能離本生之位原之于坤故其用先以定山旋加三八次以定向及水口消息其出入俱要益龍為重

水土局者以水動土靜論

乾為天卦居南兑離震由南而及于東揔以乾為天卦領其始坤為地卦居北巽坎艮由西而及于北揔以坤為地卦括其終乾陰坤陽二大父也一用先天之乾一用後天之坤故曰天地卦者以用先後天之相濟起長生為要

八卦位次録于後

此玄空大法如丙向即以丙加
巽旋加二十四位丙山即丙加
巽行二十四位丙水口即丙加
巽旋布二十四位丙上得午未
雖旺而丙金龍見之為尅出不
合來水朝入

向家十四吉神十凶神起例

子寅辰午申戌　武曲　丑卯巳未酉亥　巨門　乾丙　貪狼

丁巽坤庚壬　破軍　辛巽庚甲　廉貞　乙　祿存

午向之式

其法如子山午向即以午加武曲順排六三匝即連本位矣午武丁破未輔坤貪甲巨庚祿酉文辛廉戌武乾破亥輔壬貪子巨癸祿丑文艮廉寅武甲破卯輔乙貪辰巨巽祿巳文丙廉其餘向倣此

陽干順行

甲木長生在亥　祿在寅

庚金長生在巳　祿在申

陰干逆行

乙木長生在午　祿在卯

辛金長生在子　祿在酉

戊丙長生在寅　祿在巳

壬水長生在申　祿在亥

丁巳長生在酉　祿在午

癸水長生在卯　祿在子

長生　沐浴　冠帶　臨官　帝旺　衰　病　死　墓　絕　胎　養

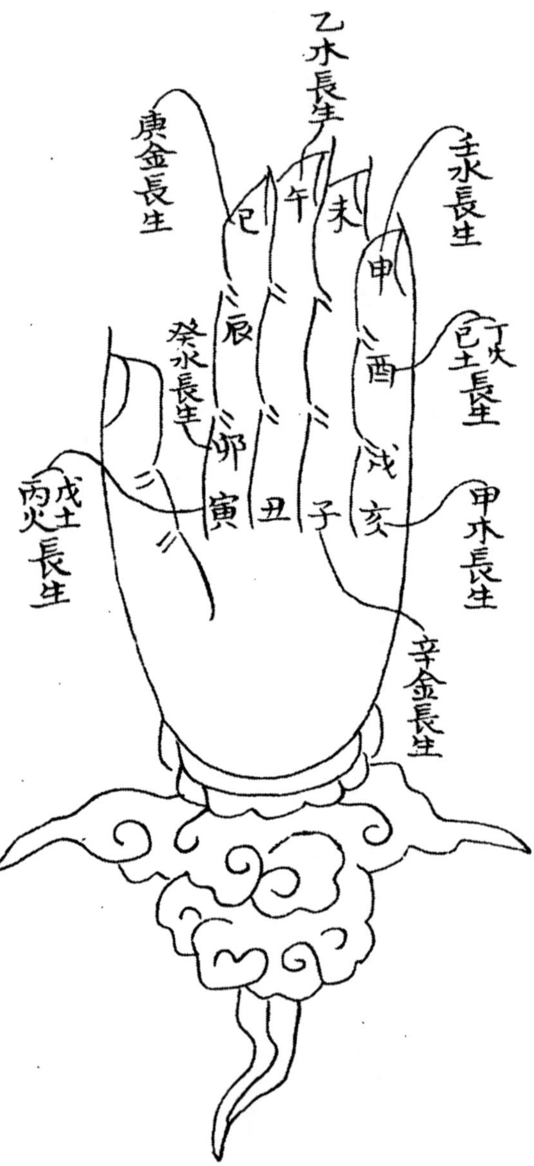

真龍下手太極圖

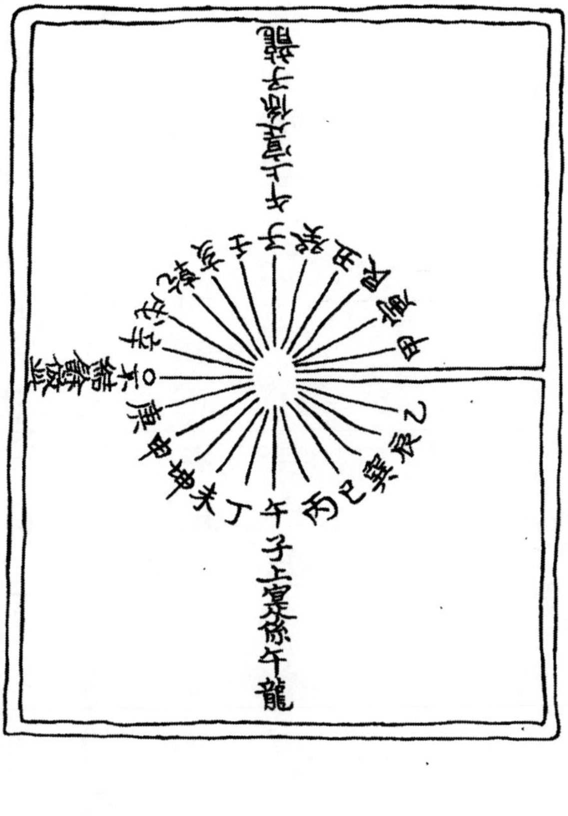

右此圖水之盡處乃五行之起處實實下手工夫全在于此這個認不着滿盤都失却了這個認得着滿盤都認着了不是世人寬寬寵寵叫做某龍的樣子故曰水到窮時太極明太極定處五行根識得真龍縱橫氣將把羅經覆在地八面威風盡得秉二十八宿皆環比此理不明三合玄空九星八卦皆當置之高閣

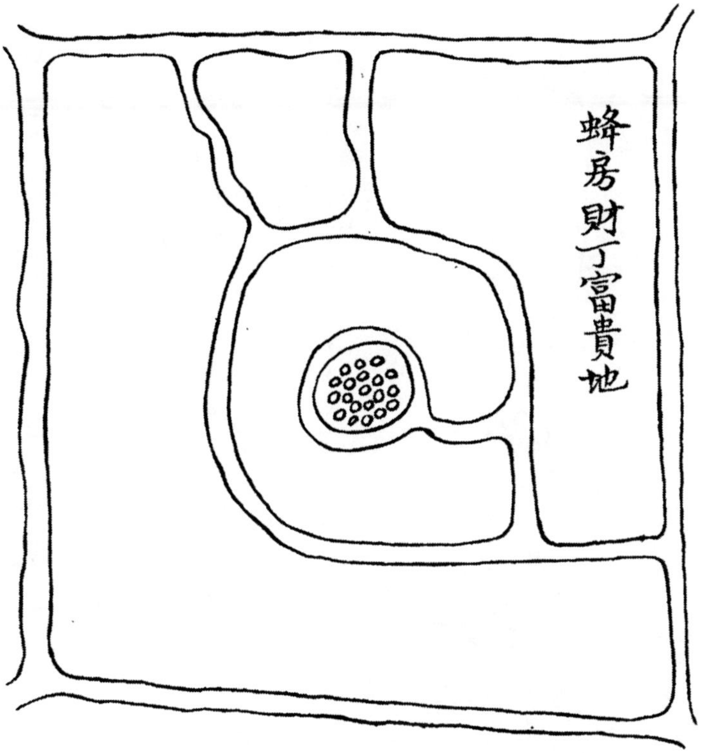
蜂房財丁富貴地

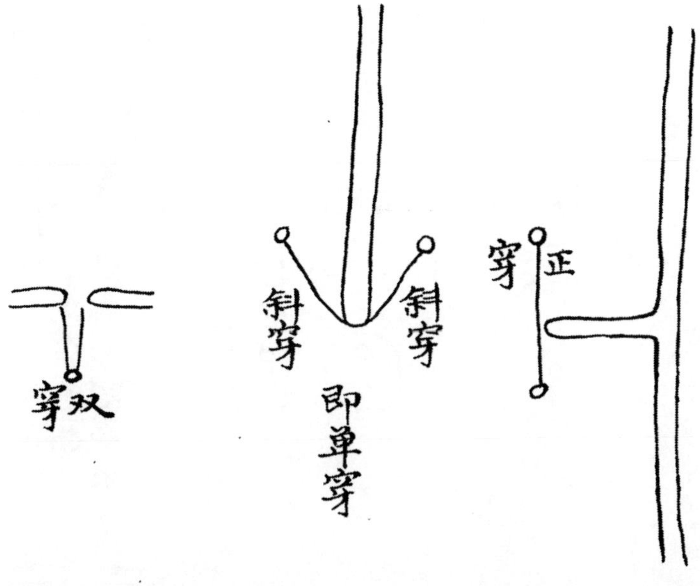
正穿
斜穿
斜穿
即单穿
双穿

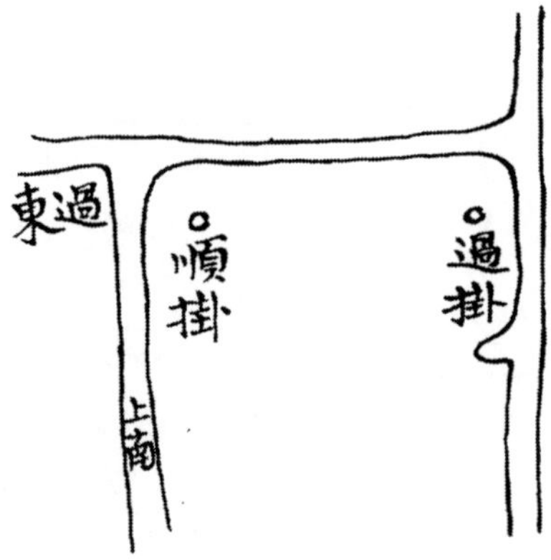
過東
順掛
過掛
上南

花心

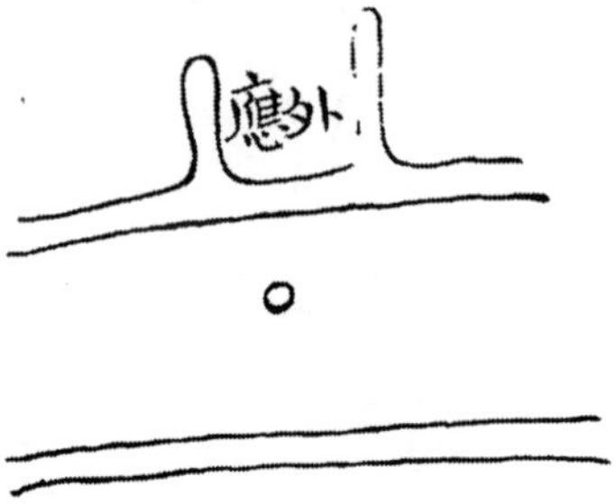
外應

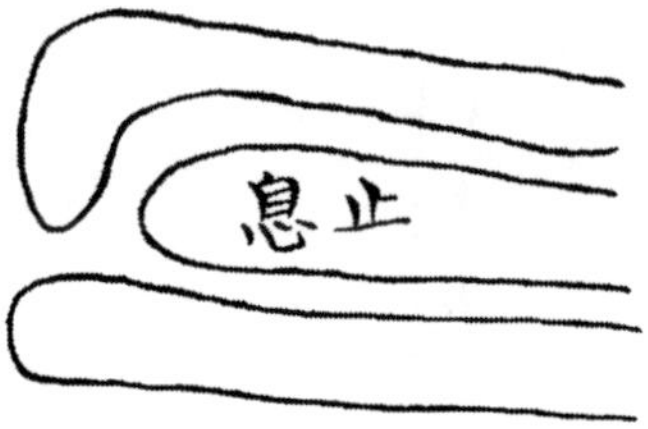
止息

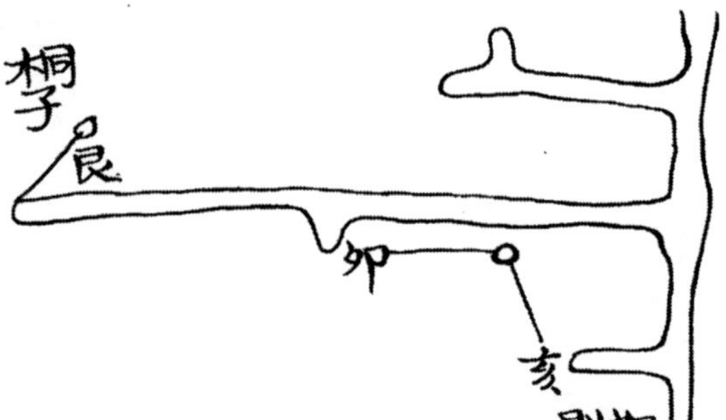
桐子
艮
卯
亥
如後乘亥前乘卯稍失上南
則乘艮矣故極貼水門出艮氣

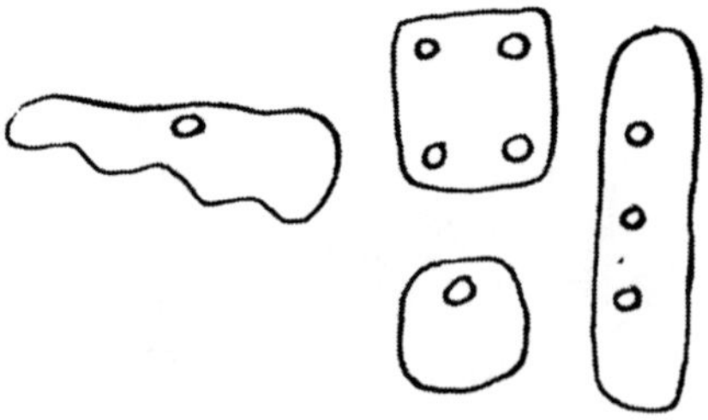

一字縈夾 與水合卦 主一代福二代平三代復貴

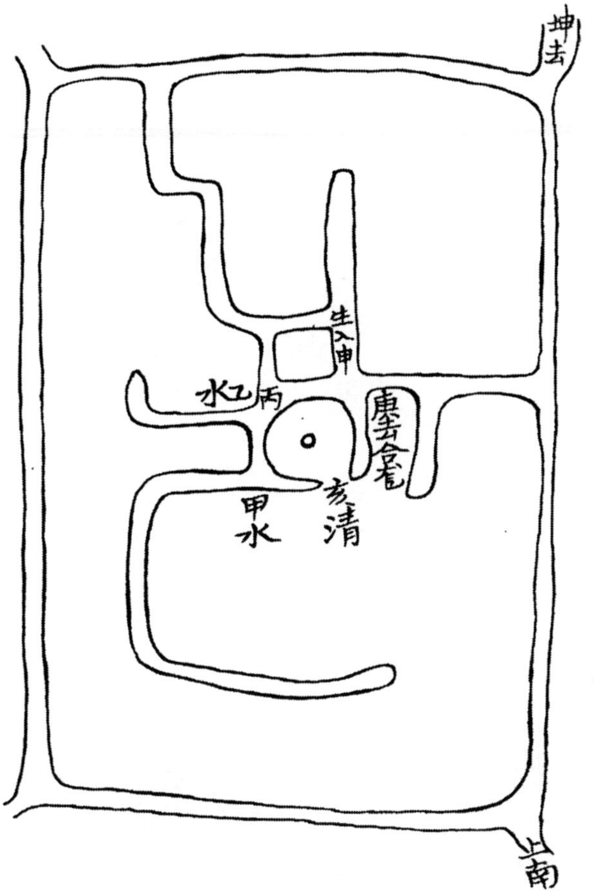

陰陽兩注
主家計削
人丁夭亾

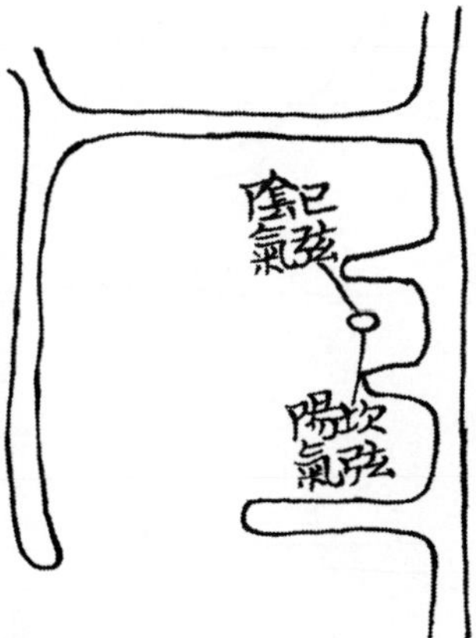

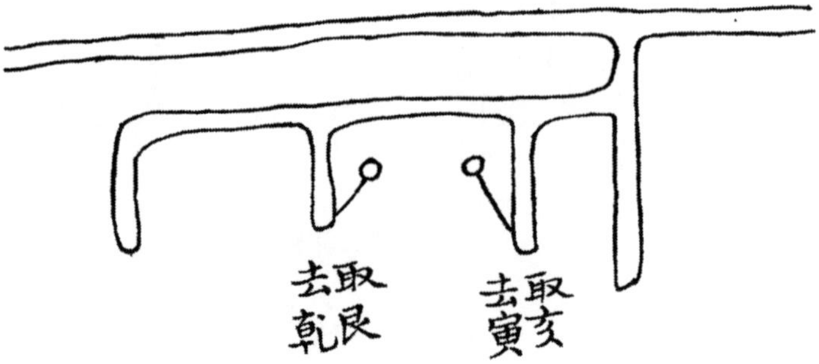
取艮去乾
取亥去寅

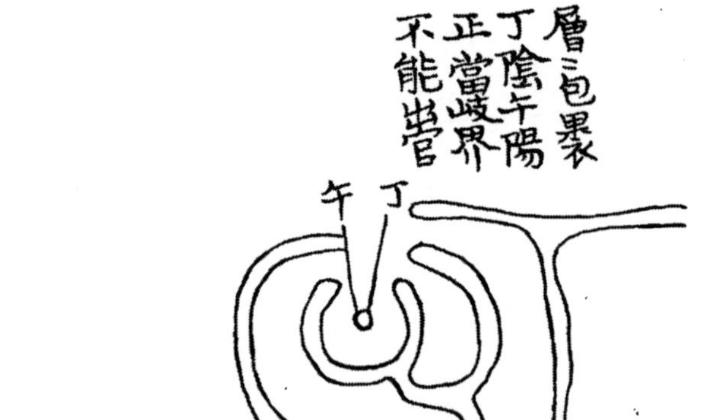
層層包裹
丁陰午陽
正當岐界
不能出官
午
丁

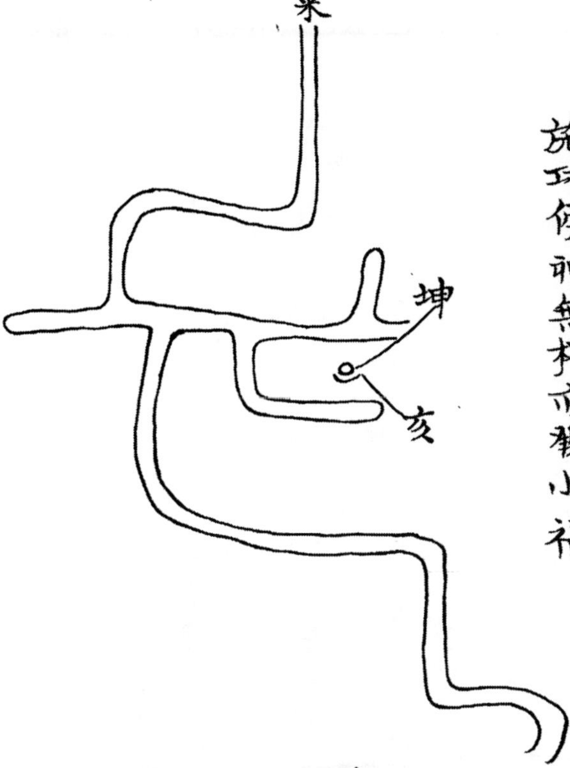

亥坤雜受百會先到亥氣
施功傍神無權亦發小福

墓氣单收
螟蛉難育

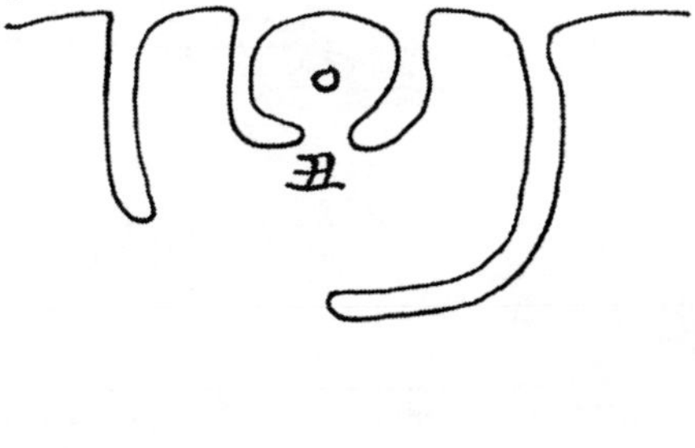

墓兼貴宿長房發福
幼房絕丁房分羙惡
戌
亥

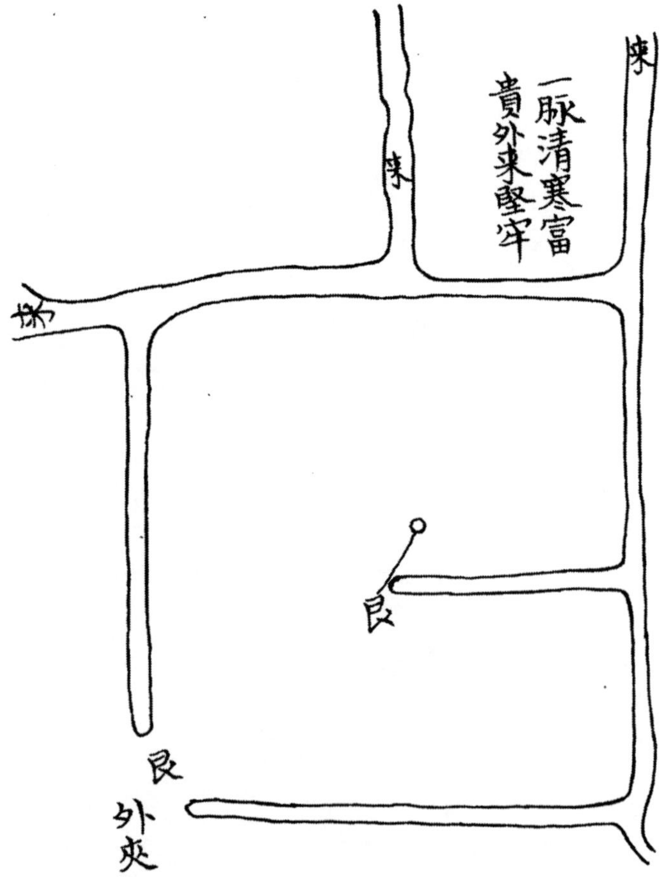
來
來
來
一脉清寒富
貴外来堅牢
艮
艮
外夾

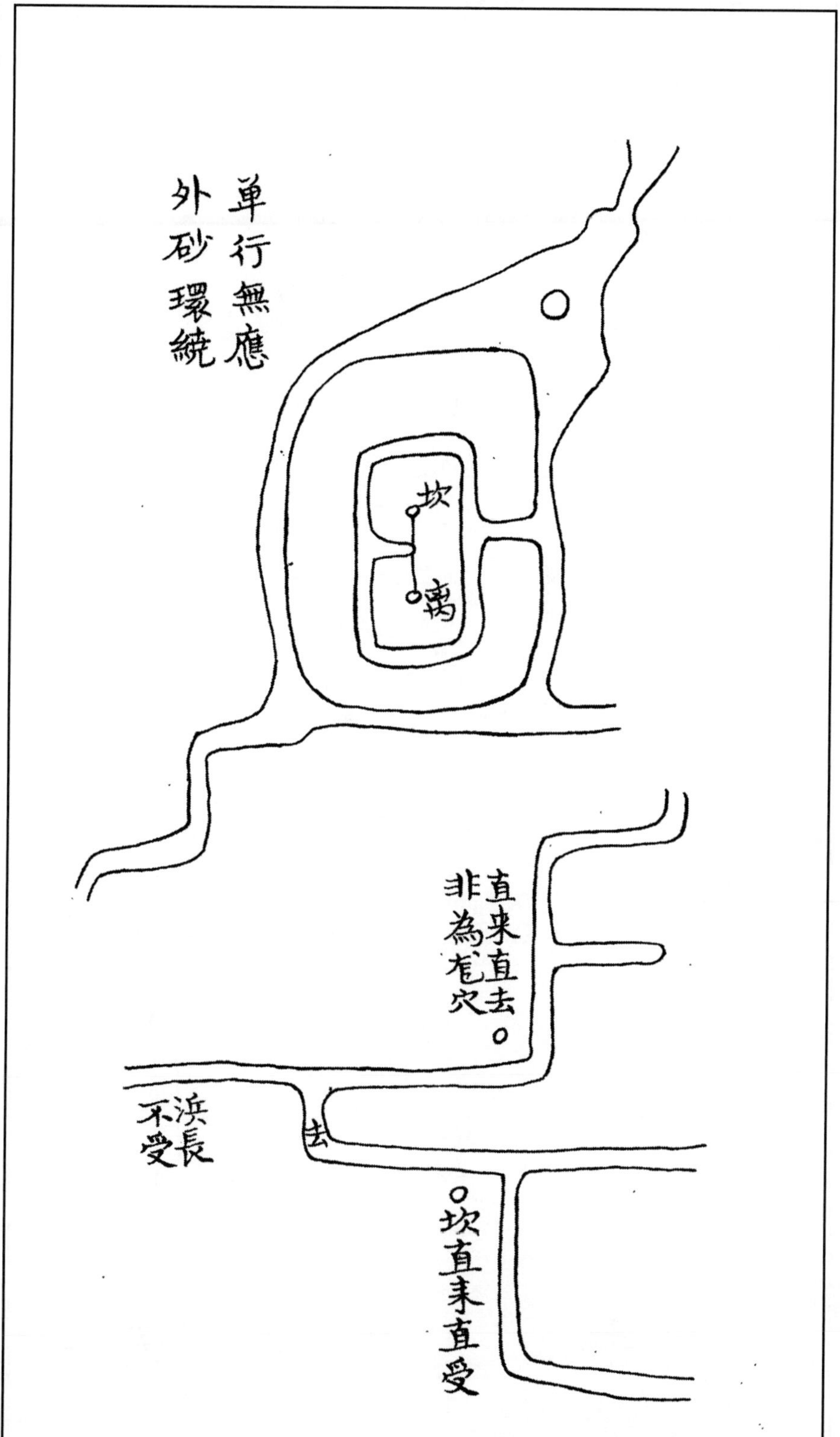
単行無應
外砂環繞
坎
离
直来直去
非為真穴
浜長
不受
去
坎直来直受

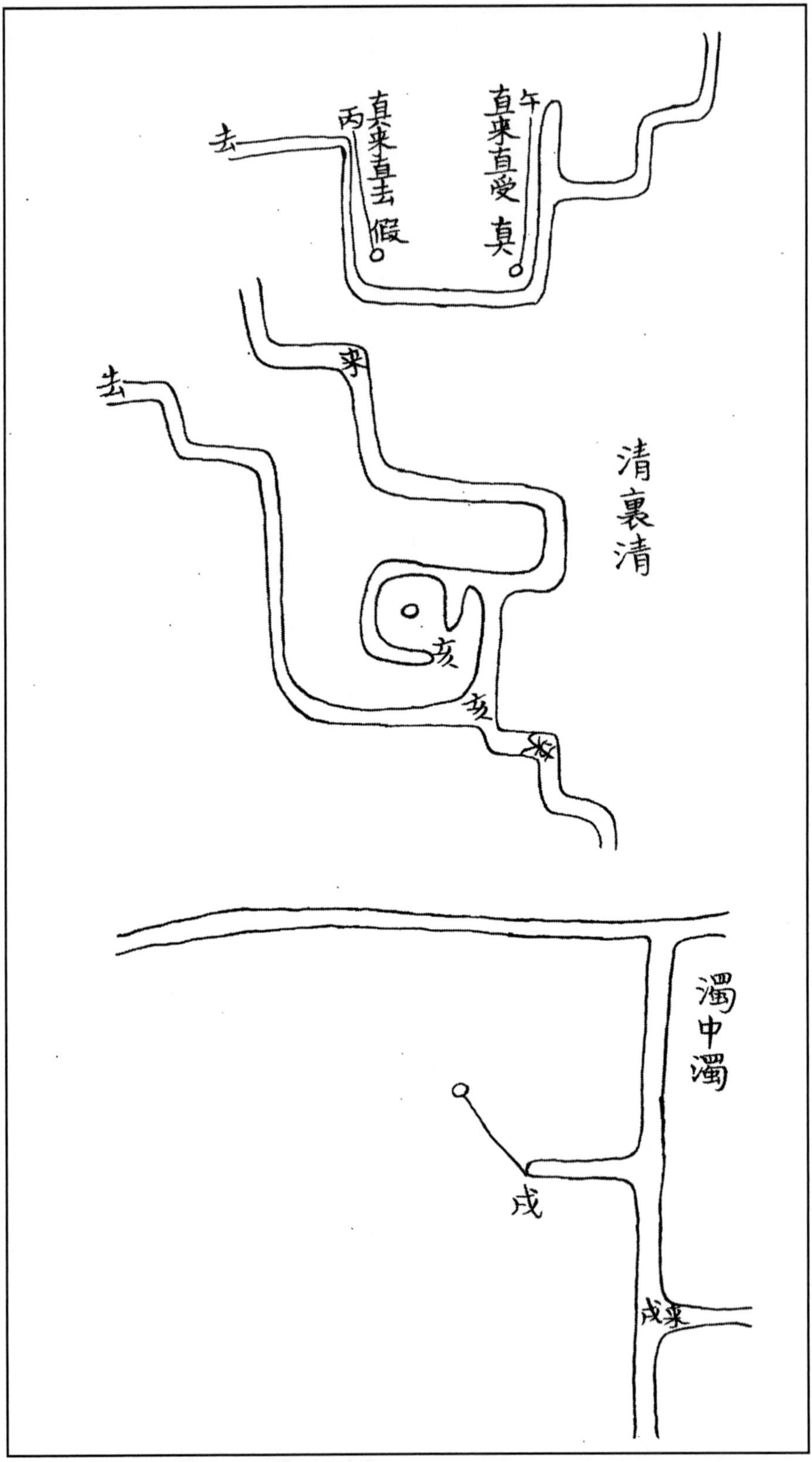
午
直來直受 真
丙
真來直去 假
去
來
去
清裏清
亥
亥
濁中濁
戌
戌來

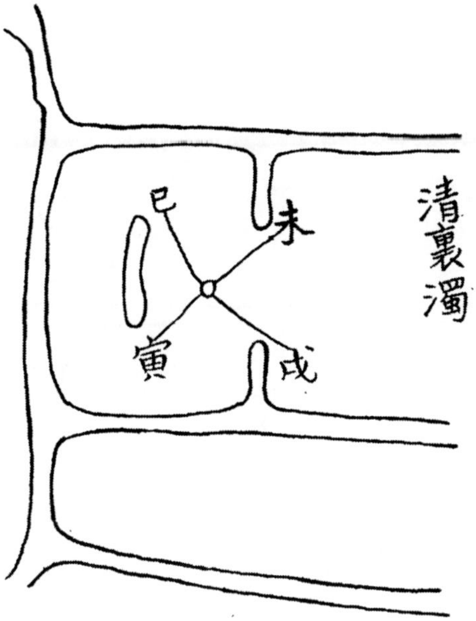
巳
未
寅
戌
清裏濁

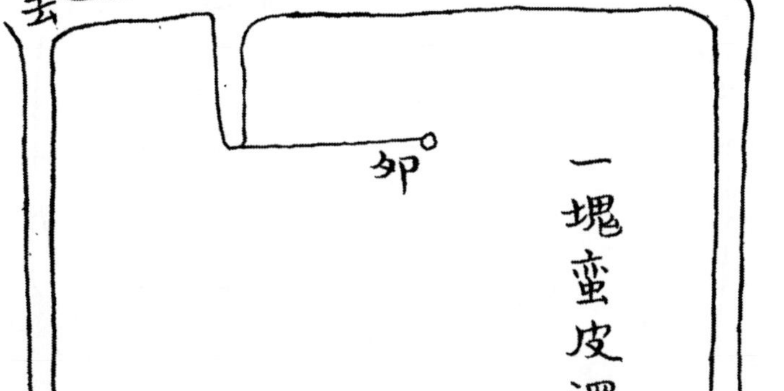
去
卯
一塊蛮皮濁裏清

坎龍坎水旺見旺

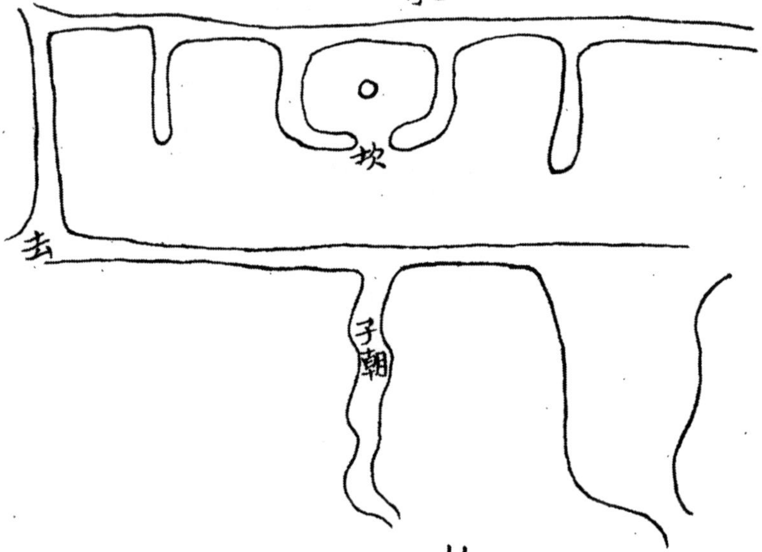

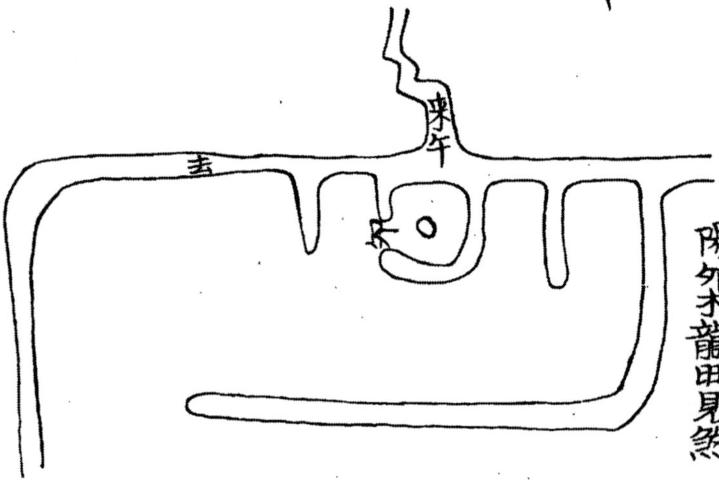

陽卯木龍旺見煞

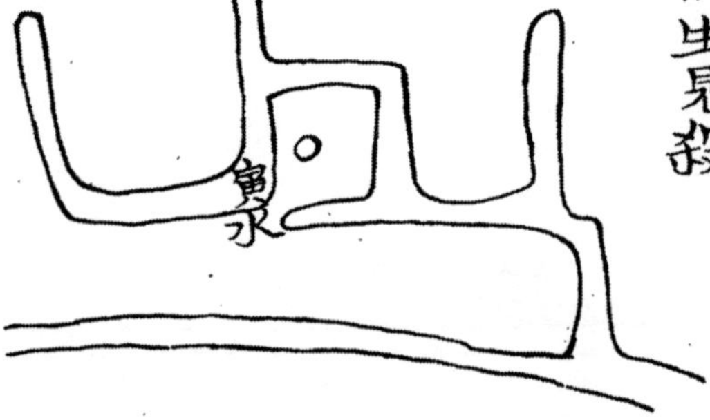

艮生龍見寅水之類為生見殺

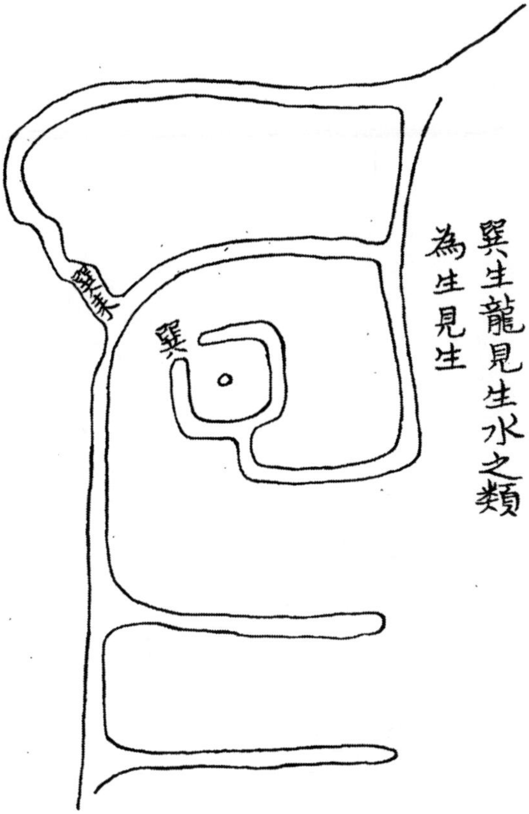
巽生龍見生水之類
為生見生
巽

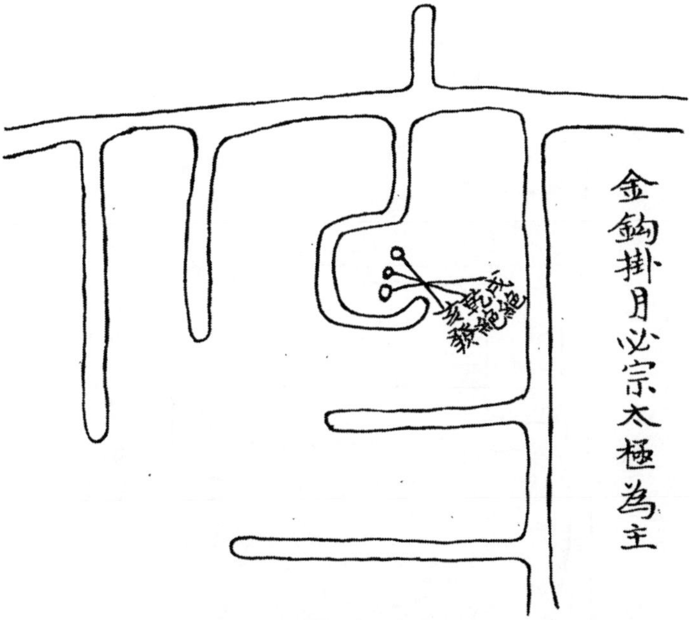
金鉤掛月必宗太極為主
戌絕
乾絕
亥發

戌為殺龍見辰為
煞水為煞見煞

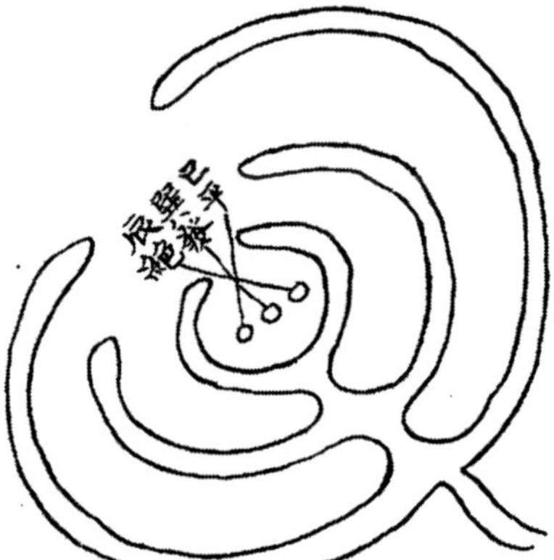

千葉蓮花亦要
五行為主

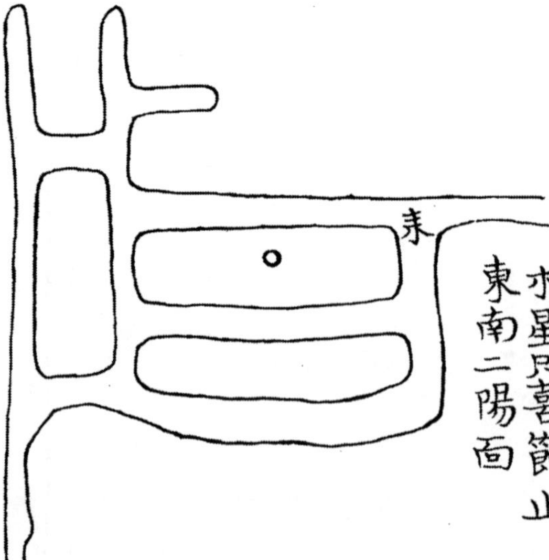

木星只喜節止
東南二陽面

二水分流結穴圖

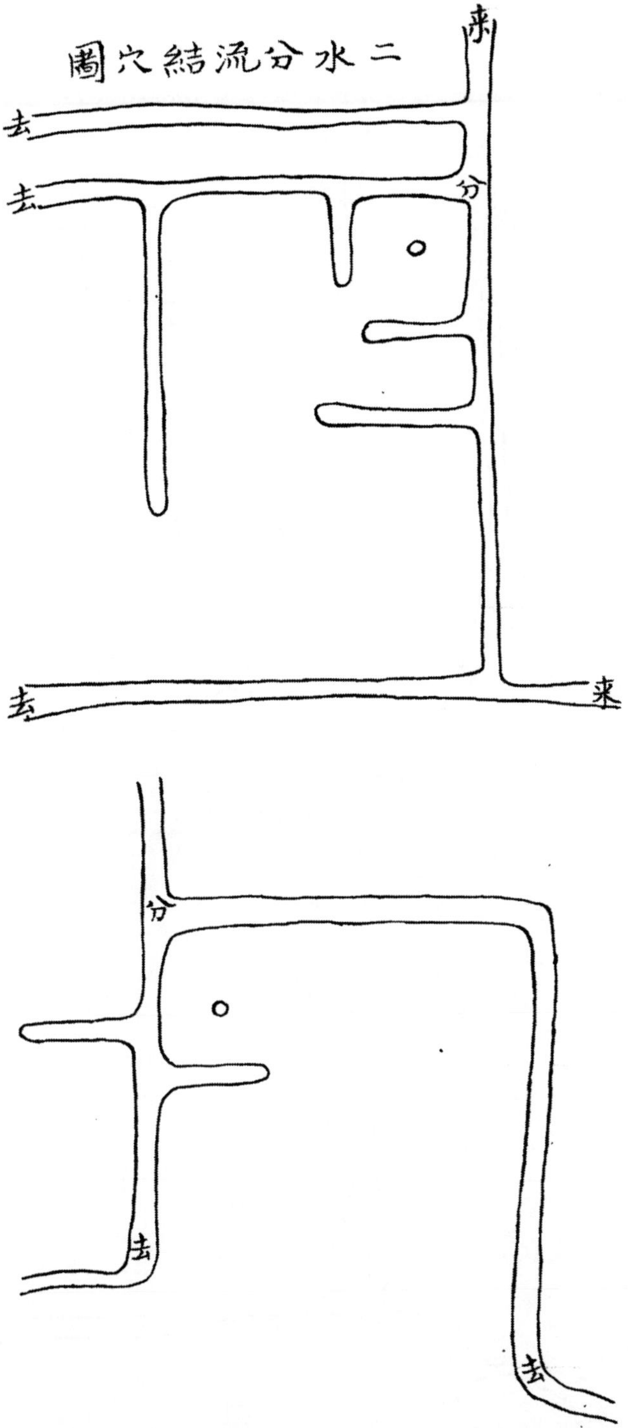

二水合流結穴圖

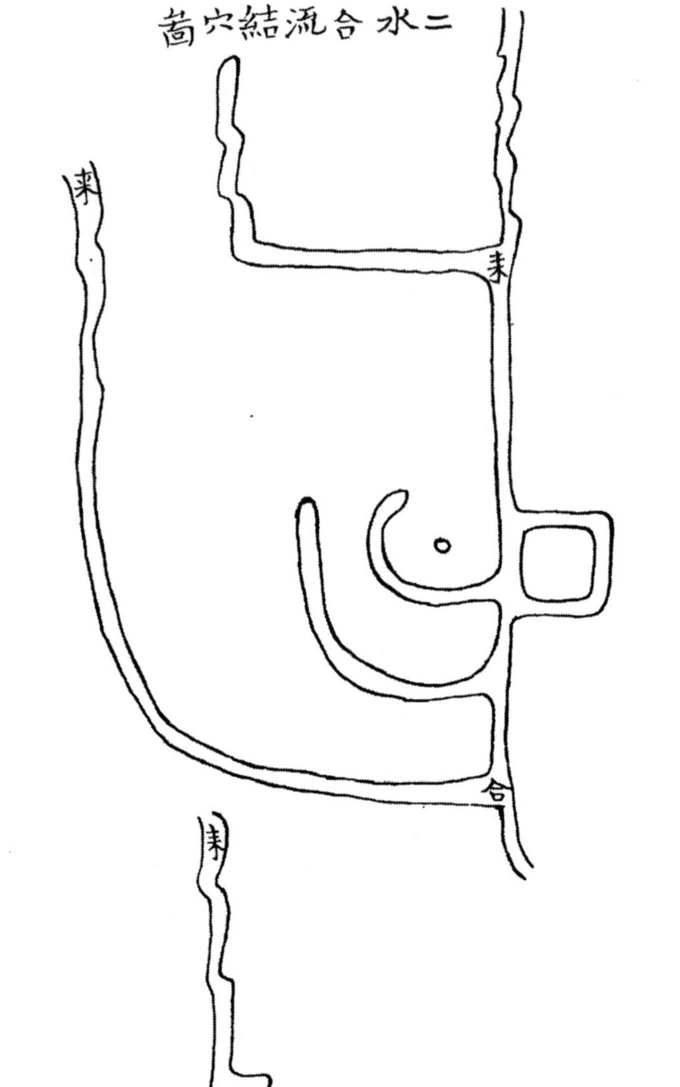

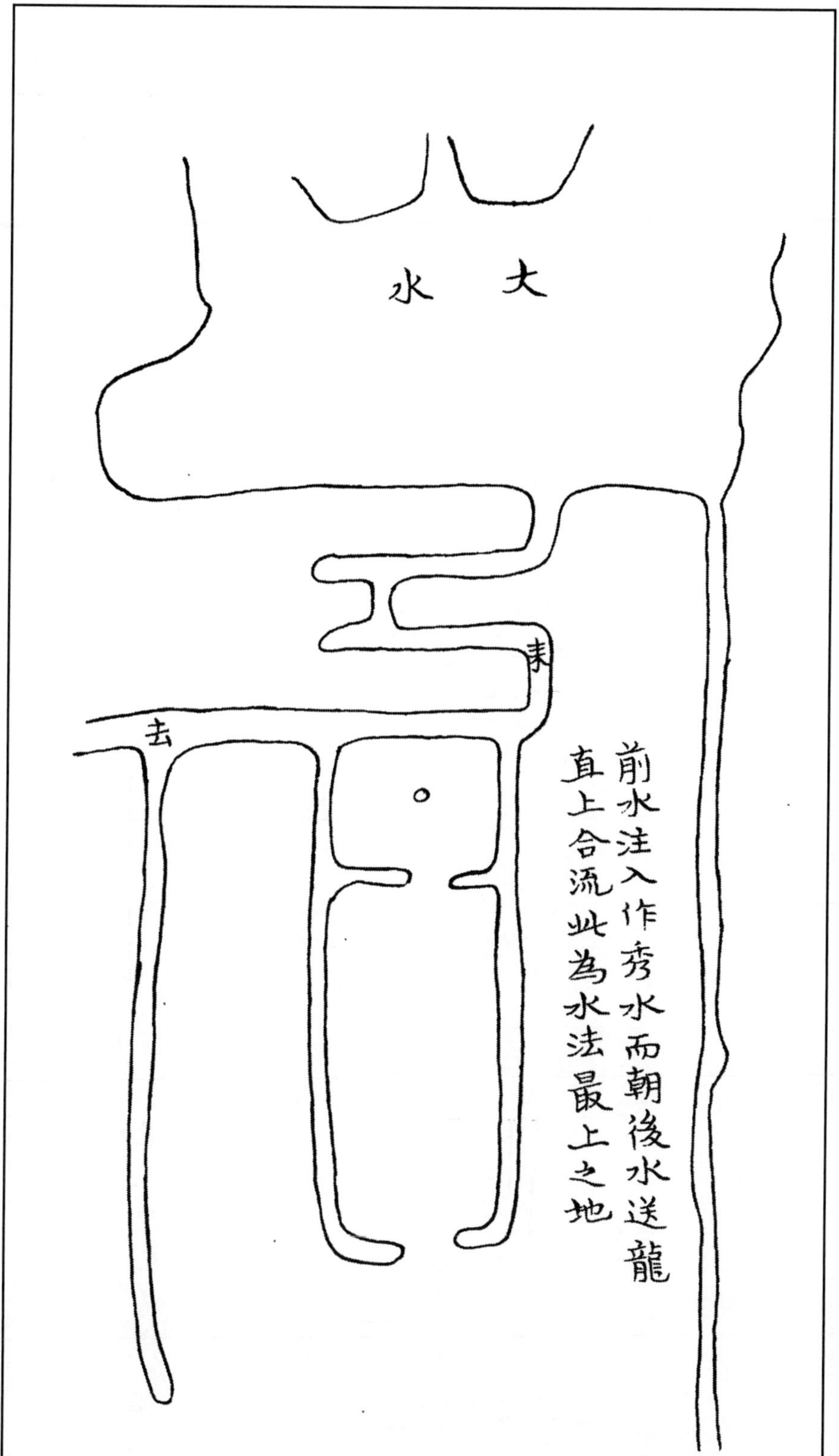
大水
來
去
前水注入作秀水而朝後水送龍
直上合流此為水法最上之地

受注富貴之地式

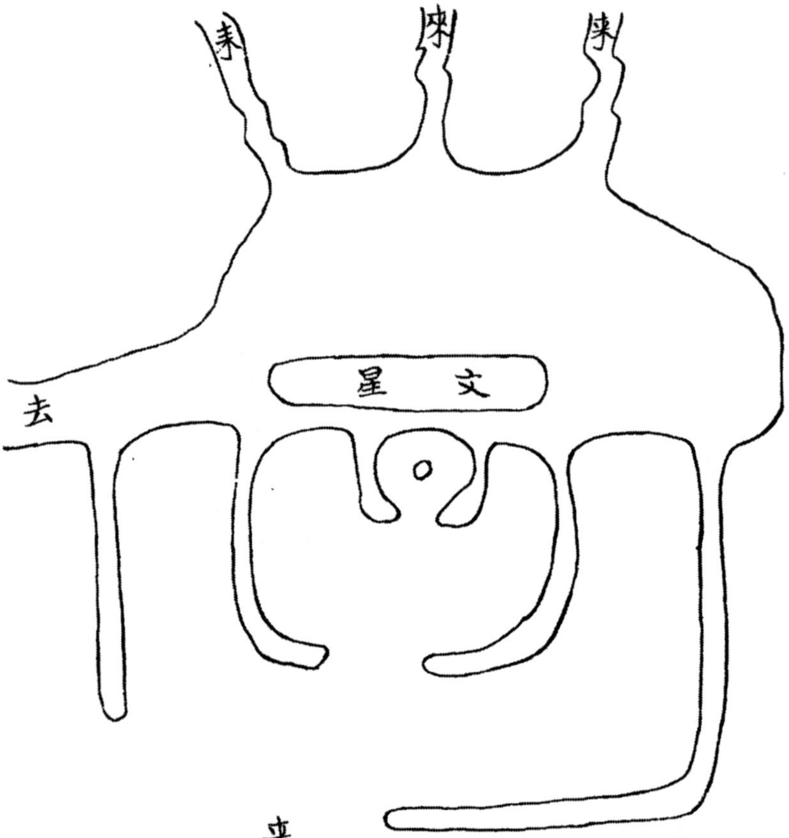

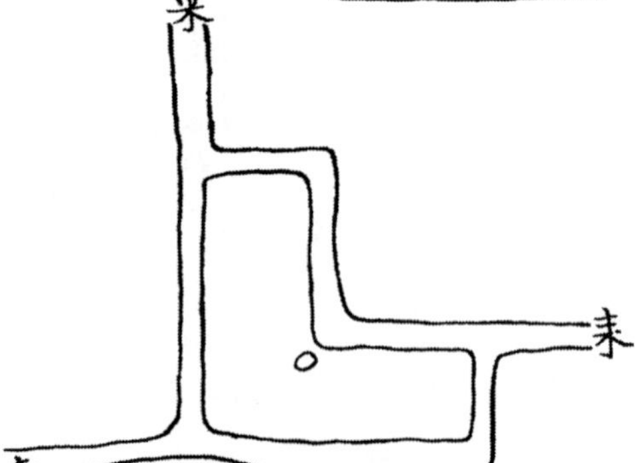

曲尺水星點其節

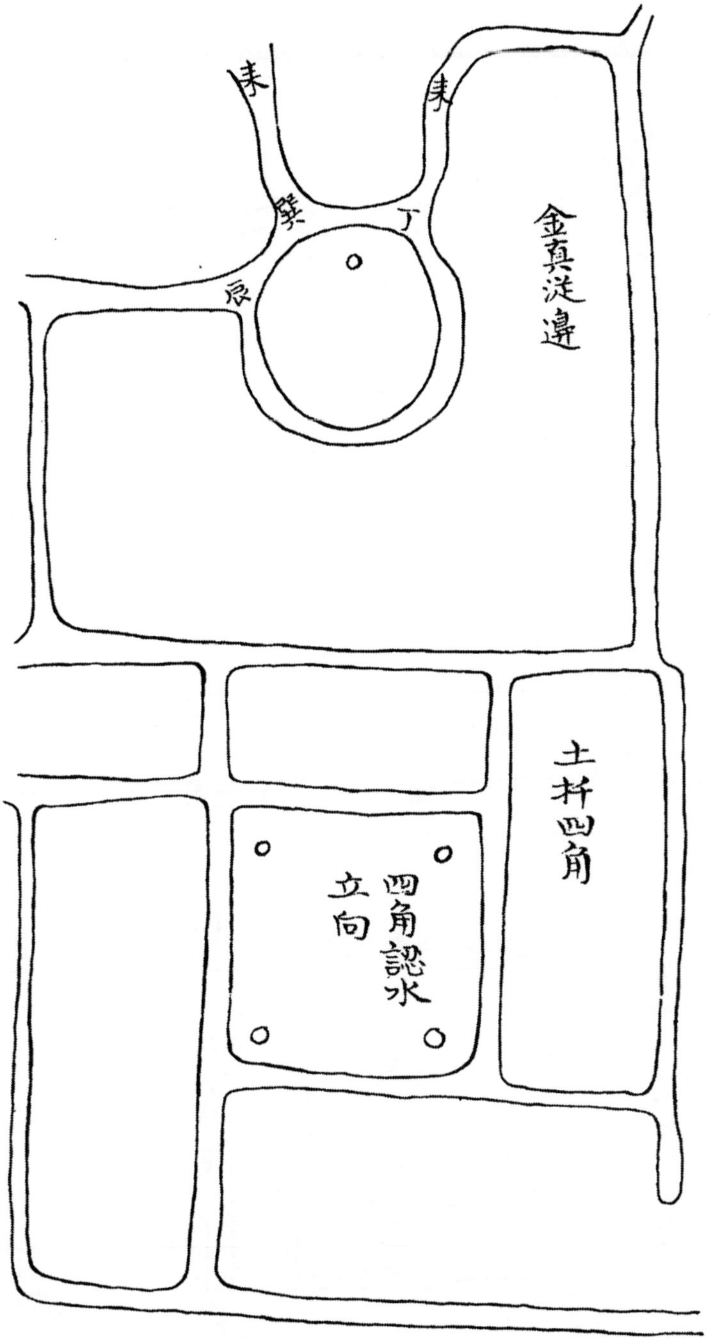
來
來
巽
丁
辰
金真従邉
土杆四角
四角認水
立向

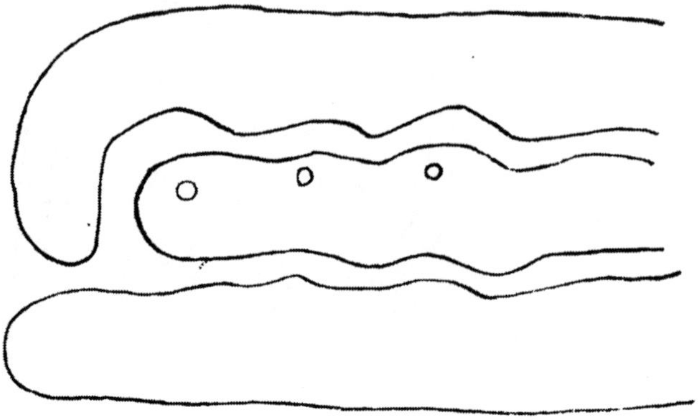

水形無水朝
只從動處下

申刑寅局

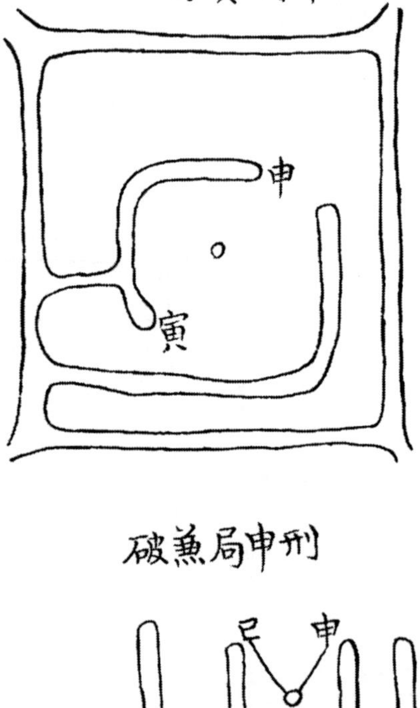

刑中有尅
骨肉相殘
破敗衰病

刑申局兼破

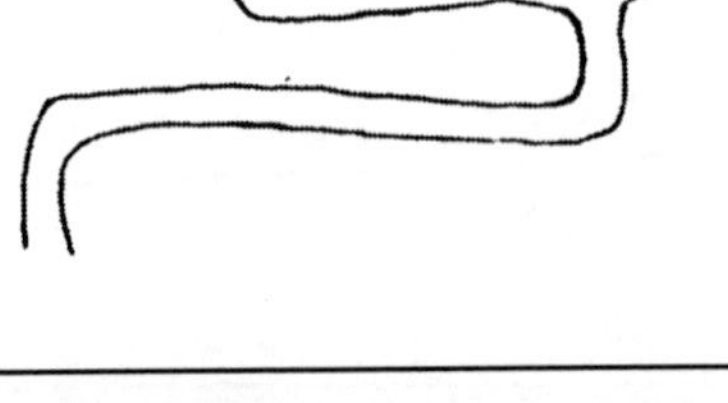

刑中有合
長幼不順
彼刑我害

寅刑巳局兼害

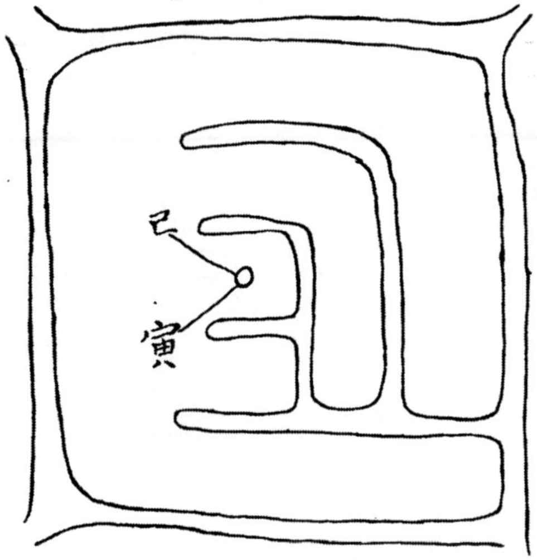

刑中有害
奔動艱難
官非灾訟

丑午相害局

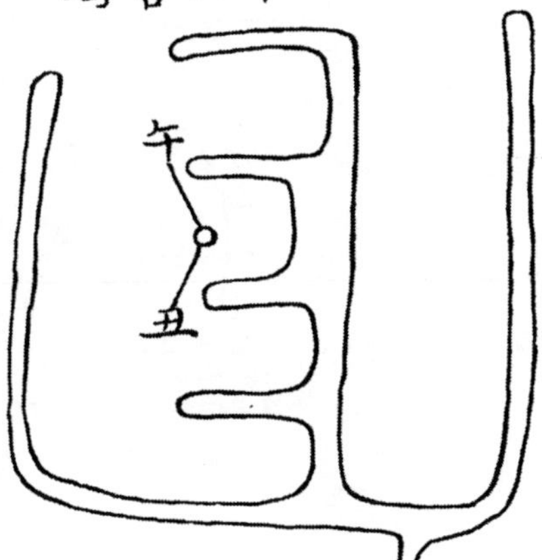

凶災訟獄永不離身
骨肉不睦殃滅子孫

子未相害

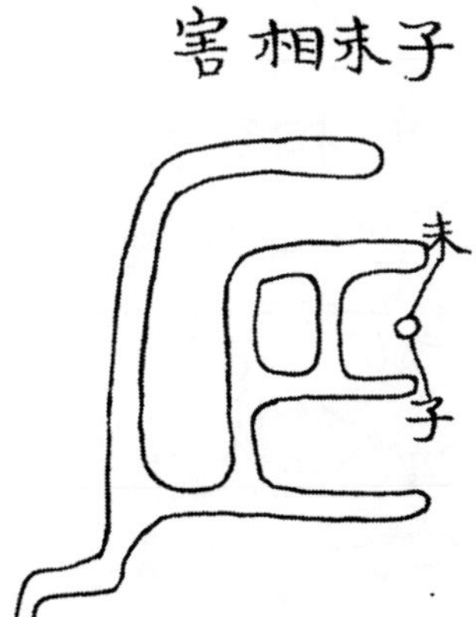

營謀阻滯官非退失

先阻後得必無始終
乘之得法点可奏功

申亥相害

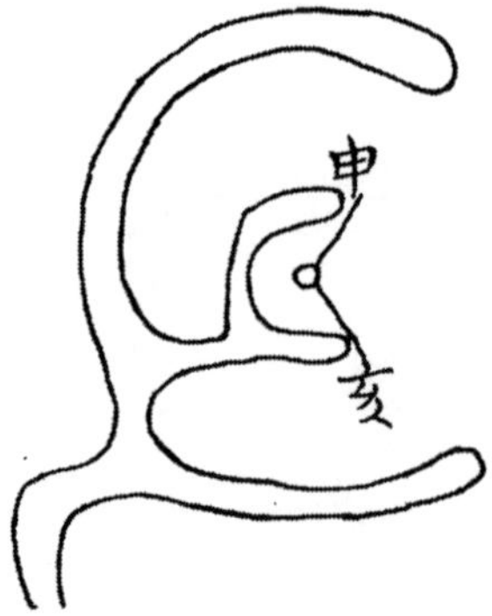

陰人小口災〻
敗子揮金次〻

酉戌相害

爭財艱阻 好佛生女

卯辰相害

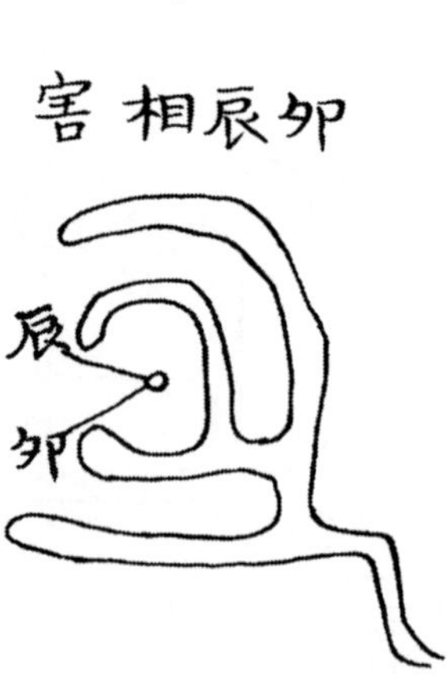

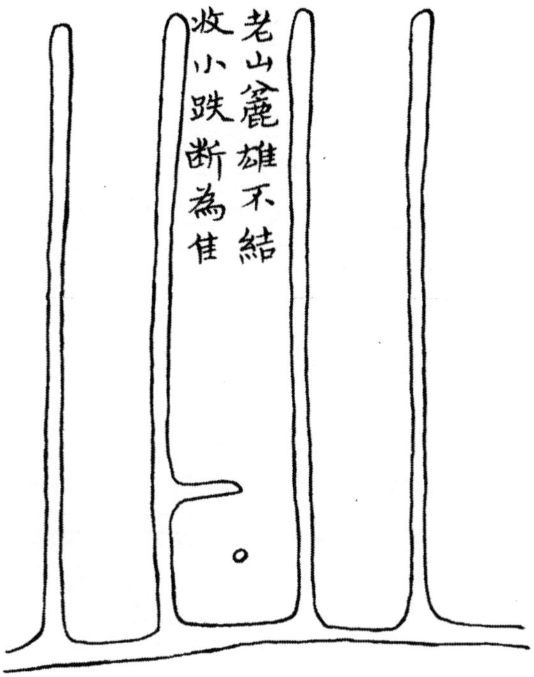
老山窩雄不結
收小跌斷為佳

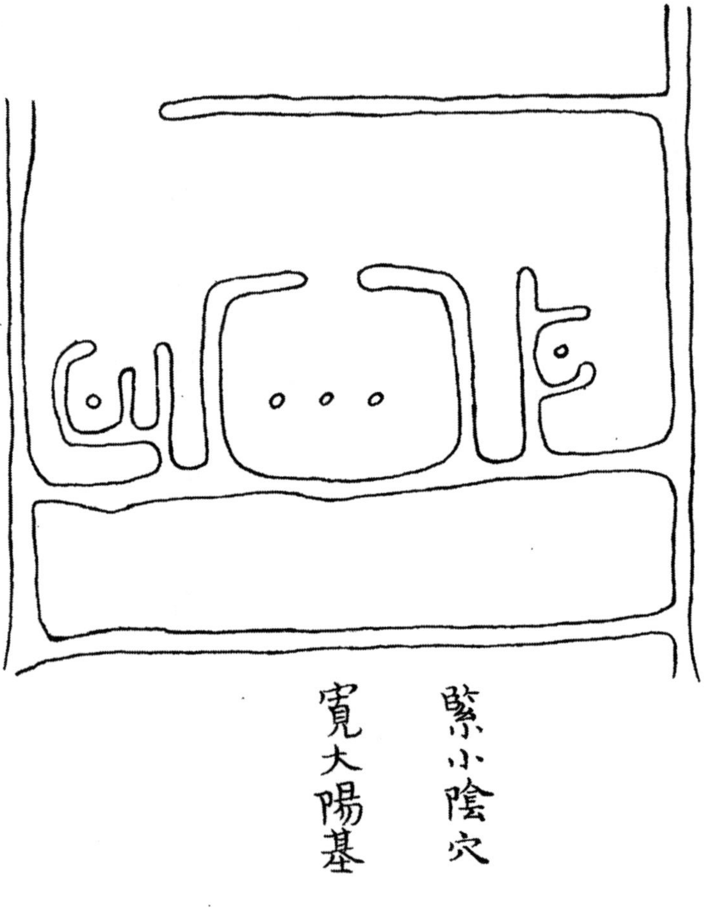

緊小陰穴

寬大陽基

大榦龍直上逆水来朝此等入格准繩之地冣為上局難遇

主世出公卿

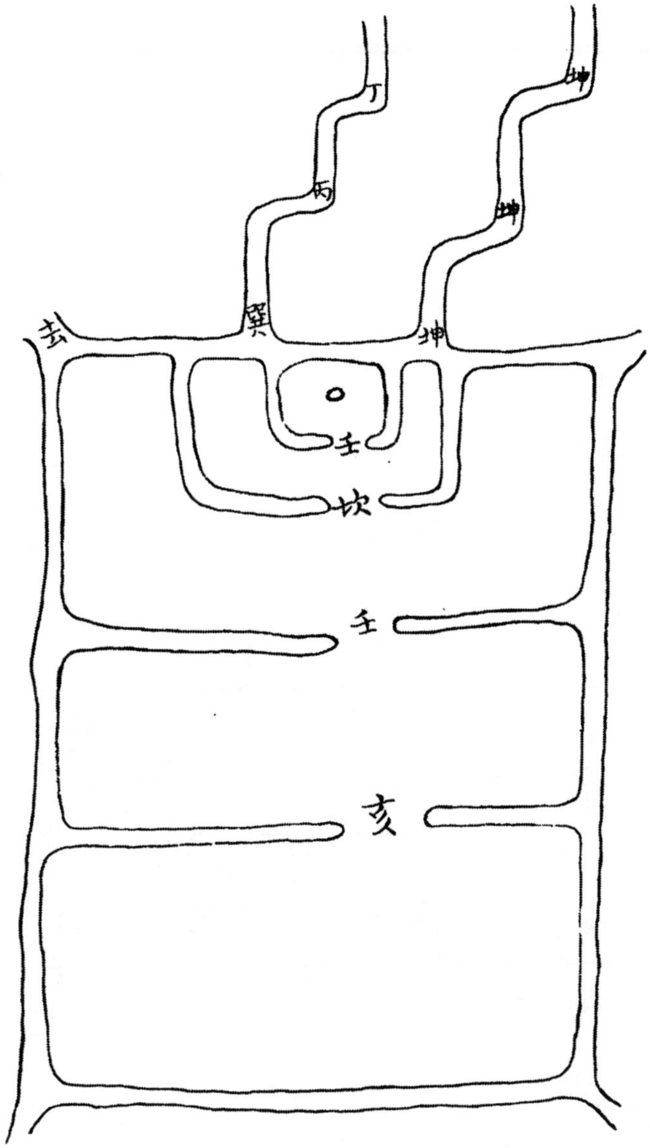

羣龍俱會
湖心為對
俱出自然
非有強僞

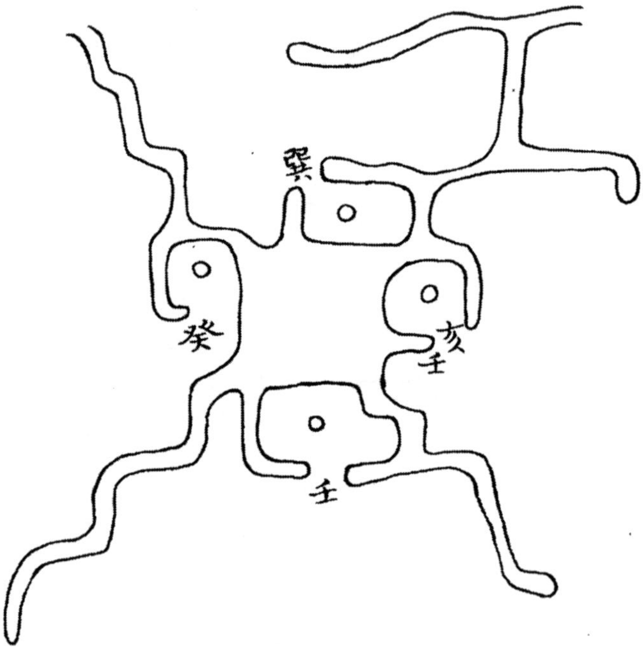

走閃格富貴

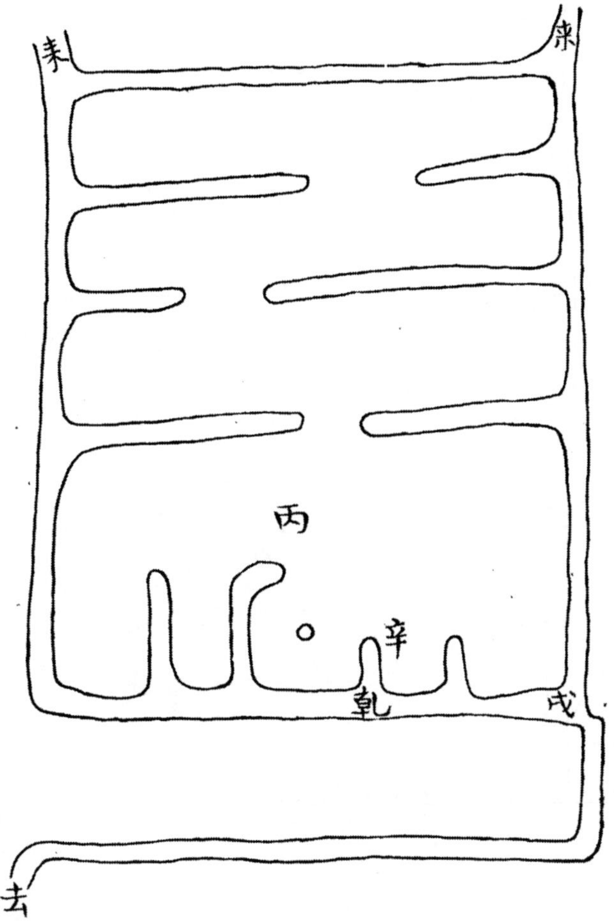

弟兄龍格

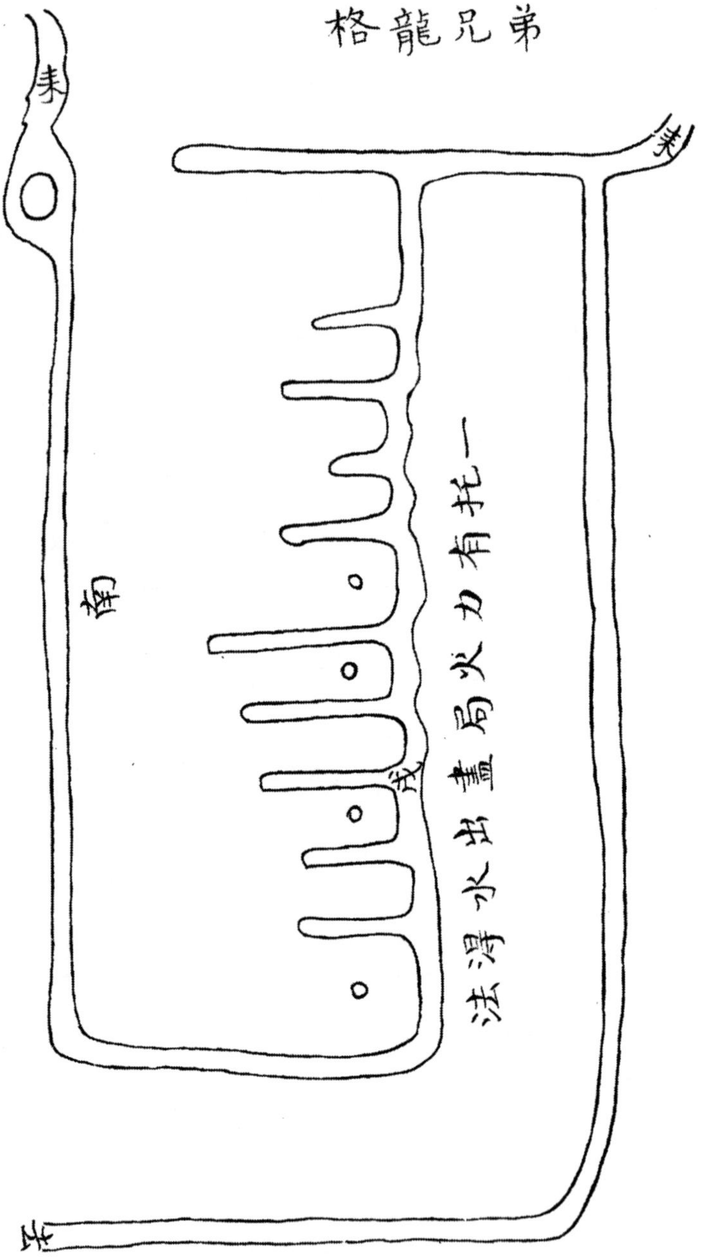

財丁兩足
悠遠之局

金鉤穴灣砂結
出顯官真龍訣

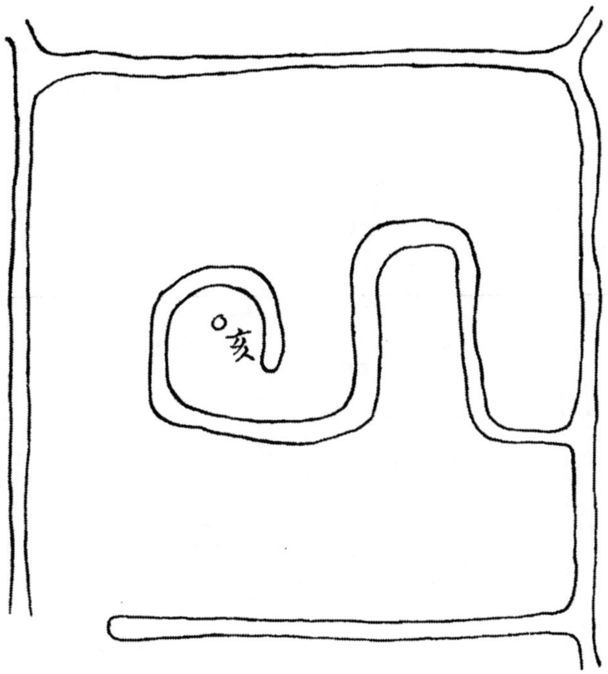

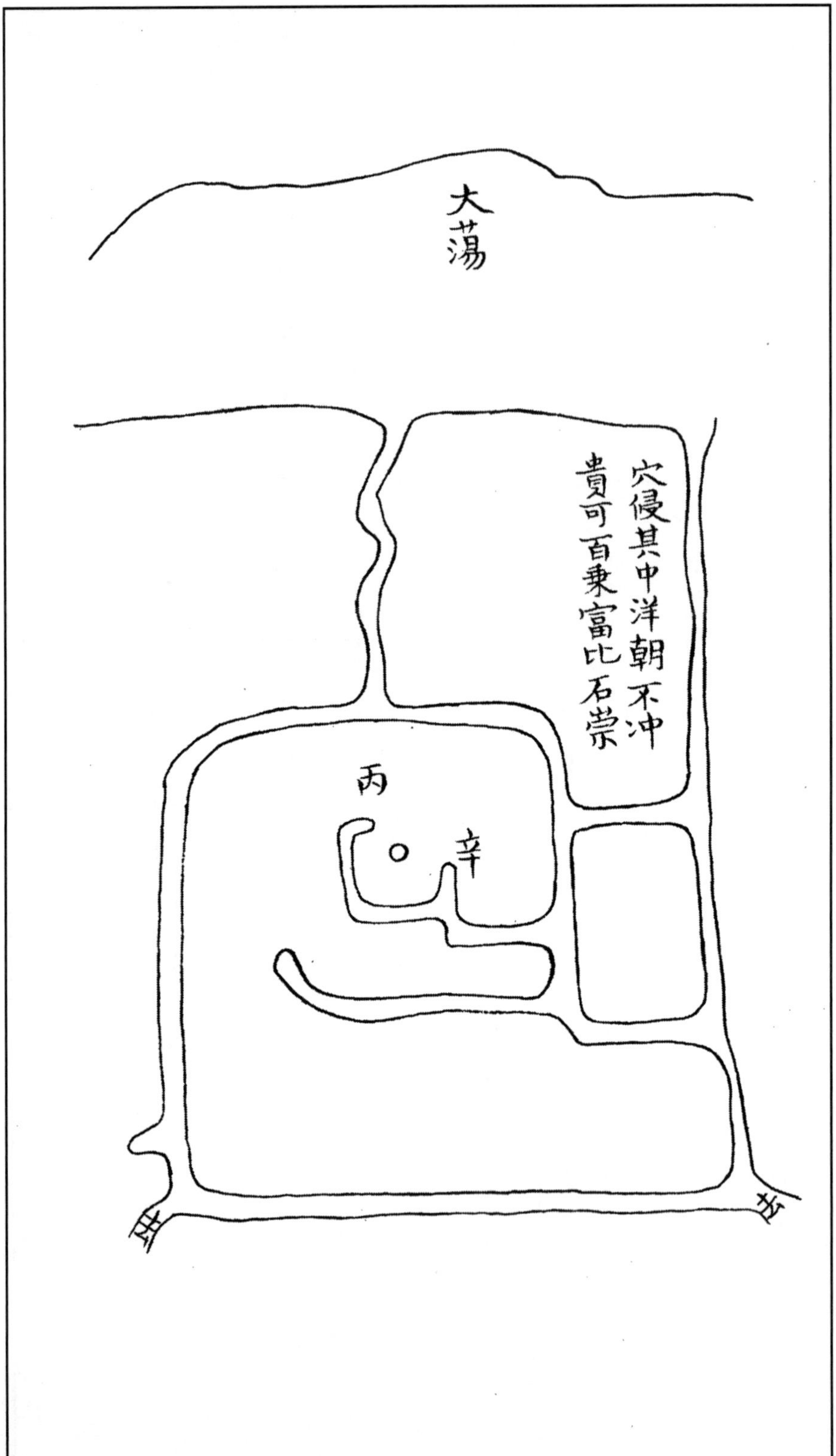
大蕩
穴侵其中洋朝不冲
貴可百秉富比石崇
丙
辛

左輔右弼
勢如旌旗
文臣掌武
武振邊夷

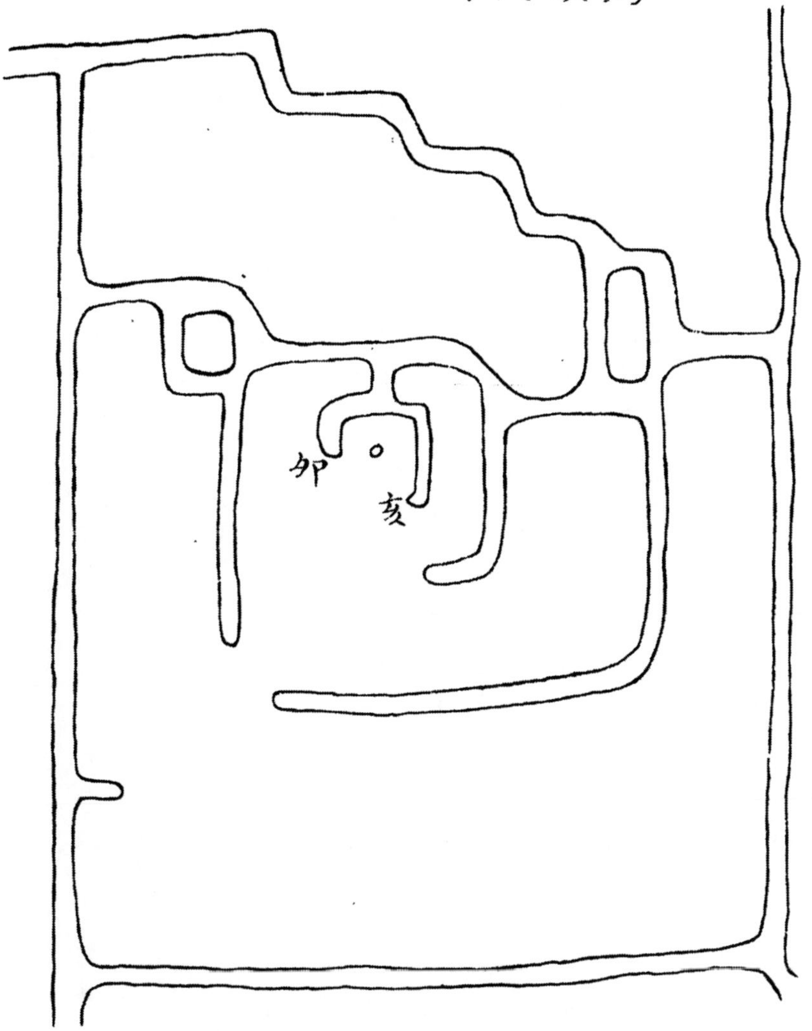

天關地軸
兩勢俱全
必出賢宰
以佐堯天

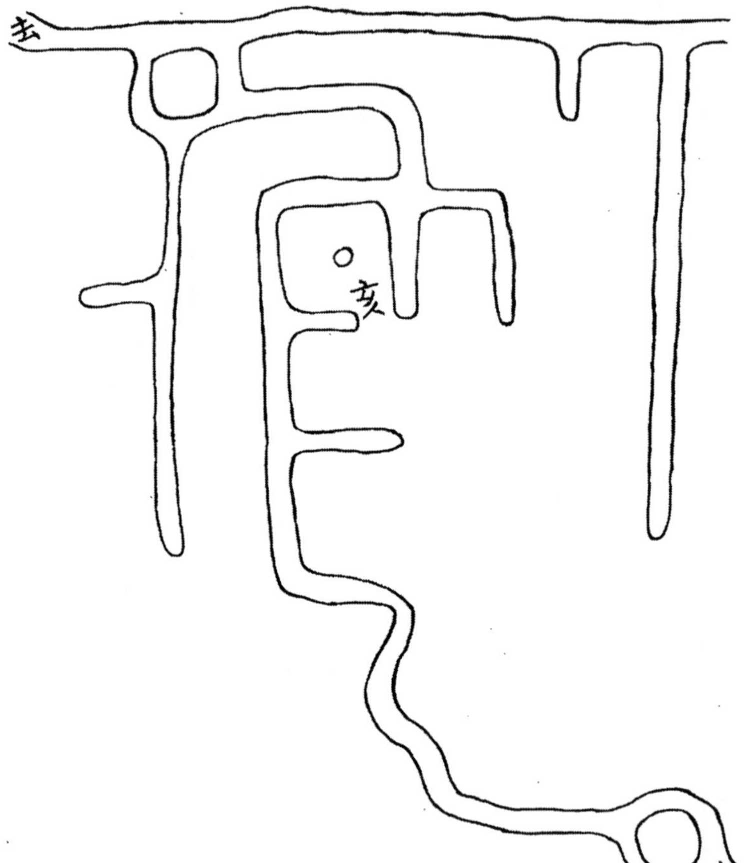

苓芝挺秀
三吉来透
必出神童
台輔左右

蟠龍穴真奇絕
合貴脉朝天闕
雄武桓〻功名
不歇

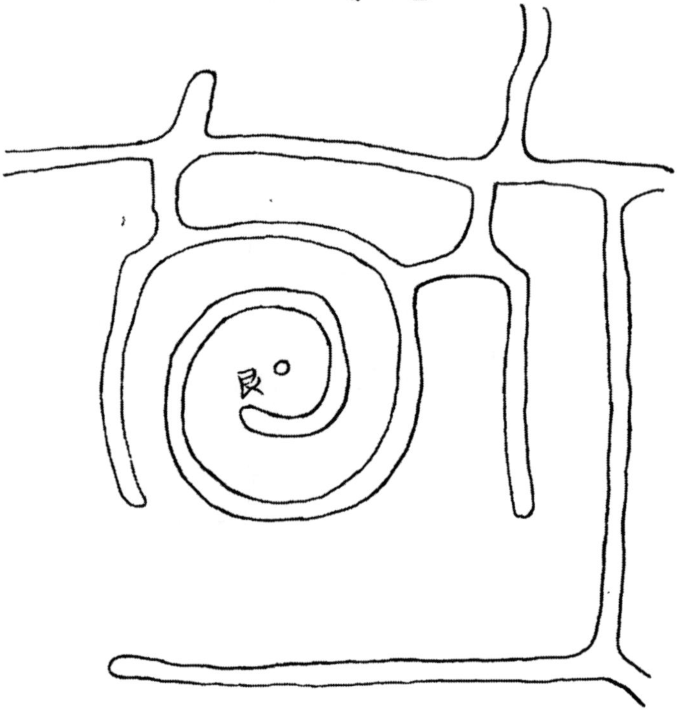

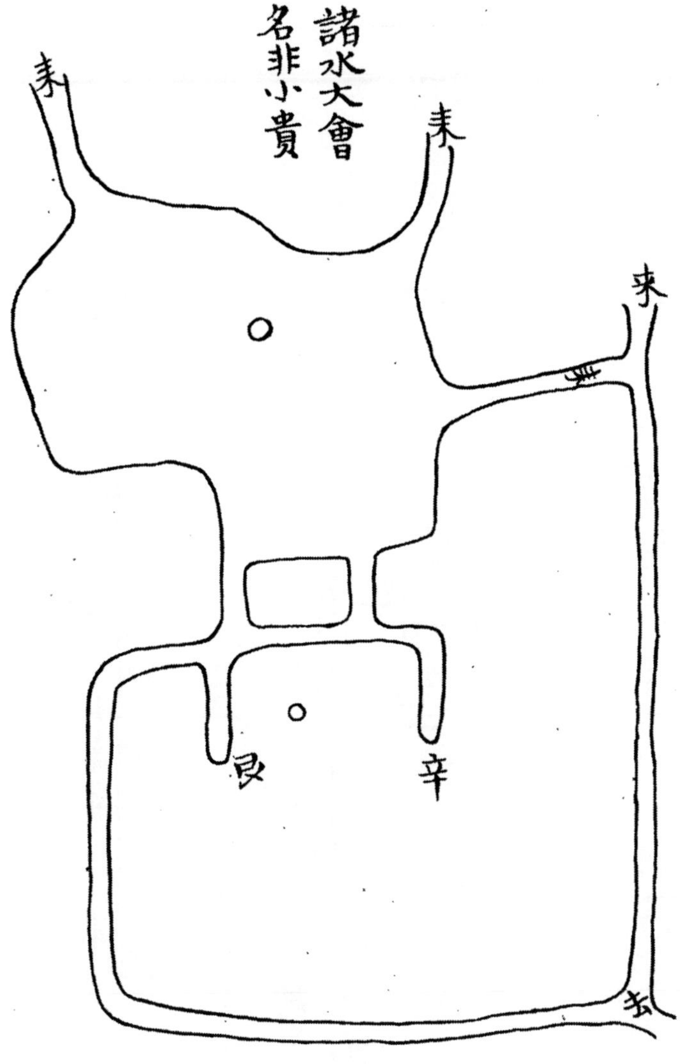
諸水大會
名非小貴
来
来
来
辛
艮
去

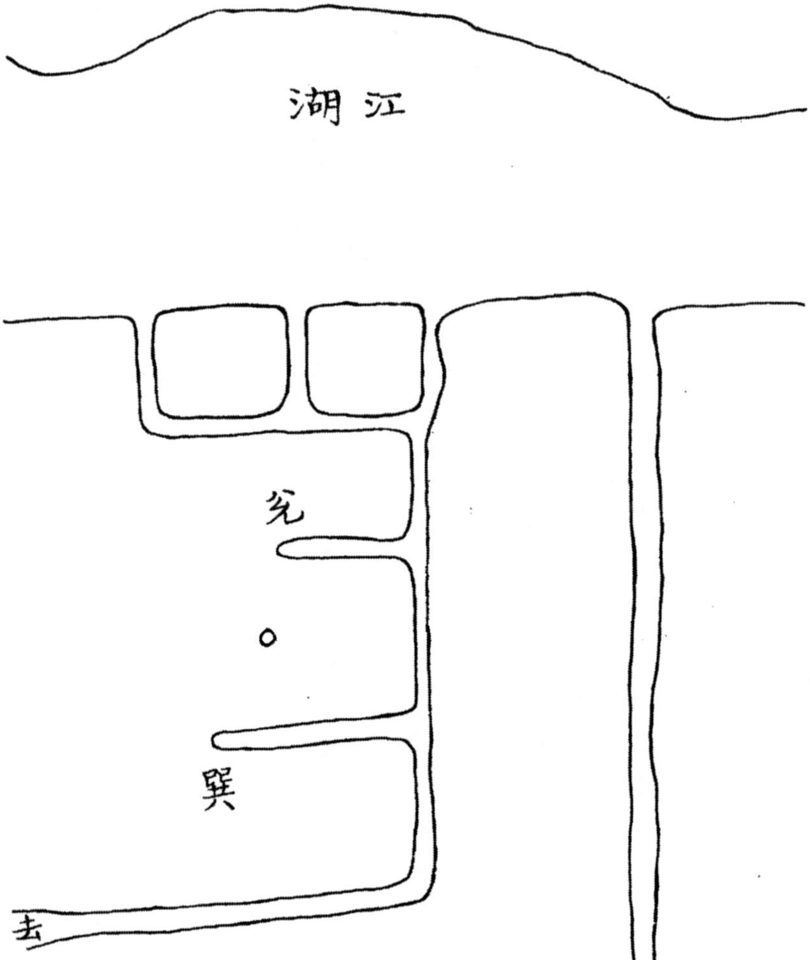

江湖聚會
龍非小萃
将相所産
恒多顯貴

前龍旺来
後去曲折
必入朝堂
富而典籍
声名宏遠
世代不歇

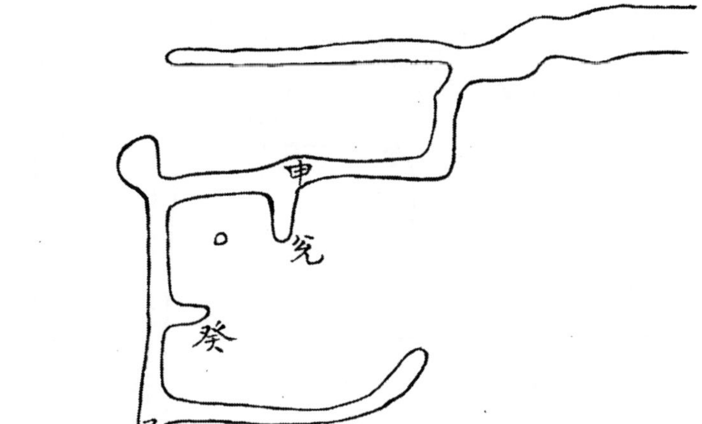

金星出面
後宮龍健
扦之得穴
文臣武鍊

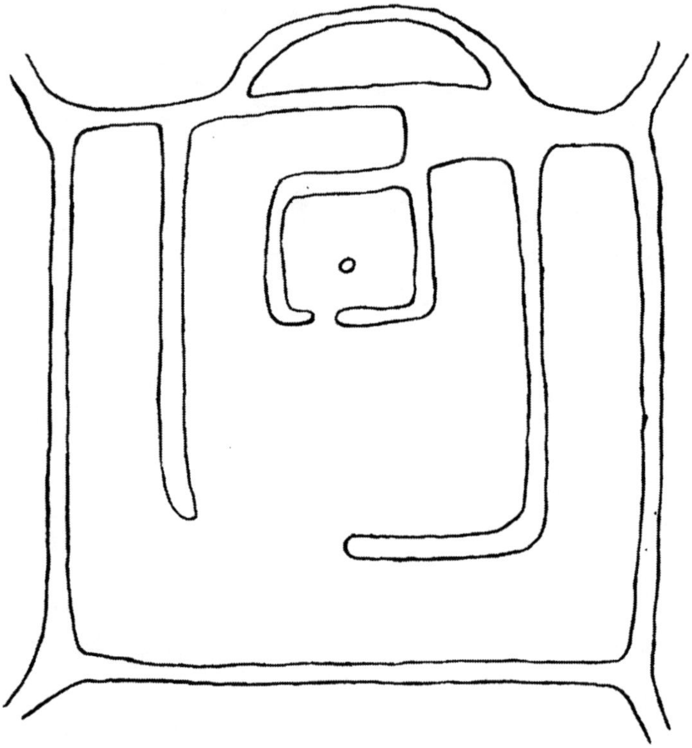

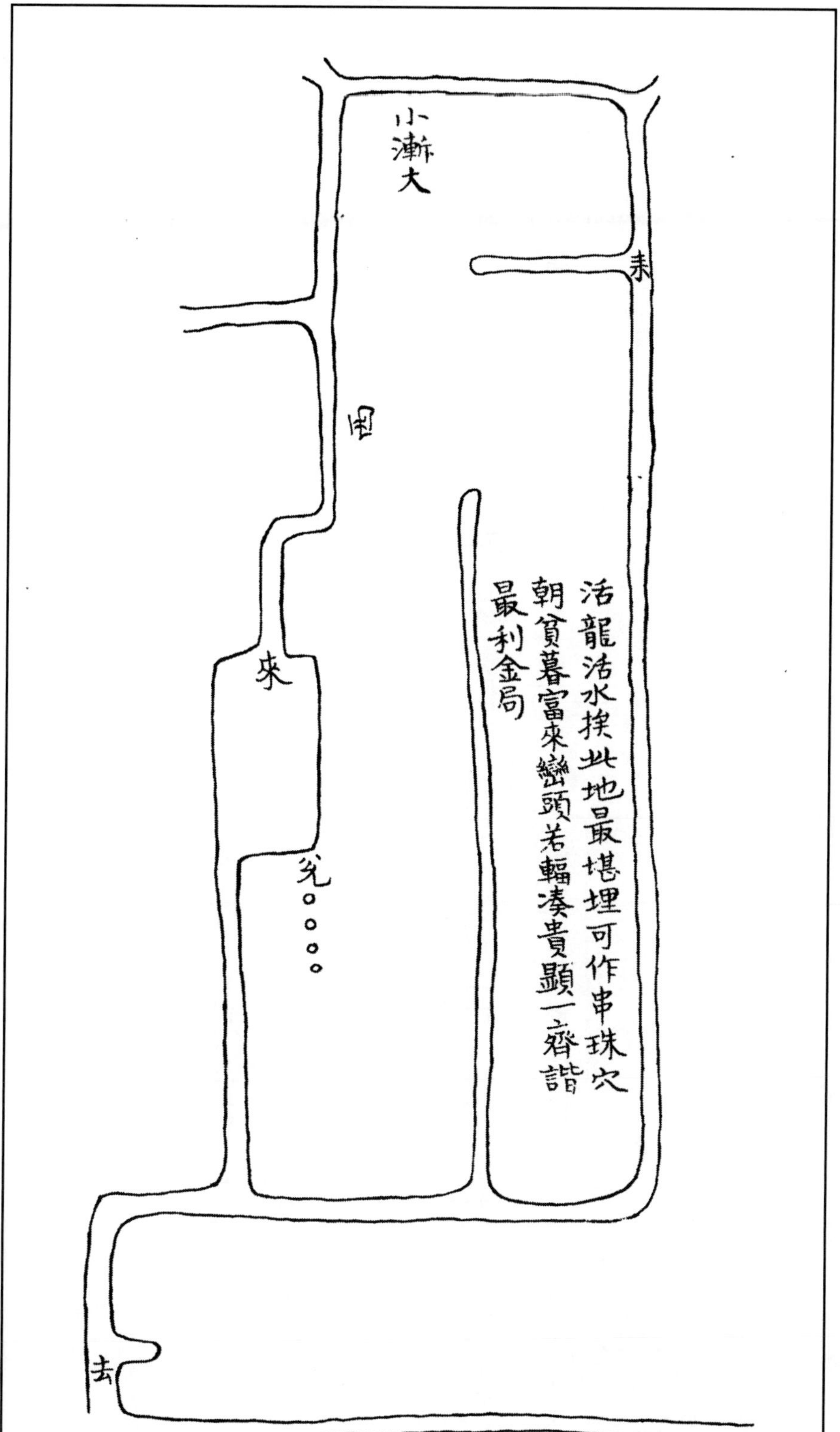
小漸大
来
回
來
穴
去
活龍活水挾此地最堪埋可作串珠穴
朝貧暮富來巒頭若輻湊貴顯一齊諧
最利金局

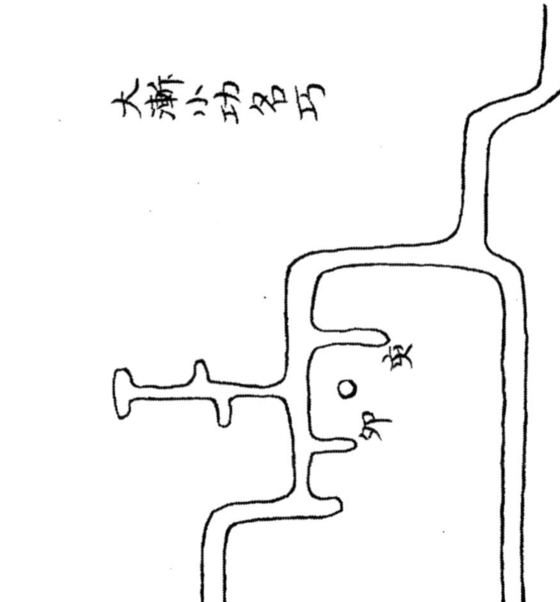
大漸小功名巧
亥
卯

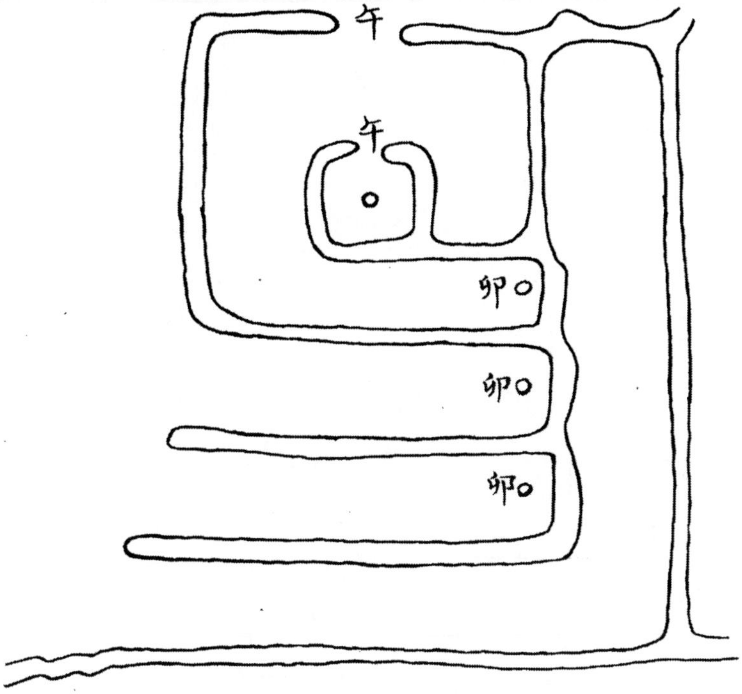

正幹作穴公卿不歇
枝龍若扦佐貳非缺

西山互朝
三吉亦巧
旺神聚局
功名不小

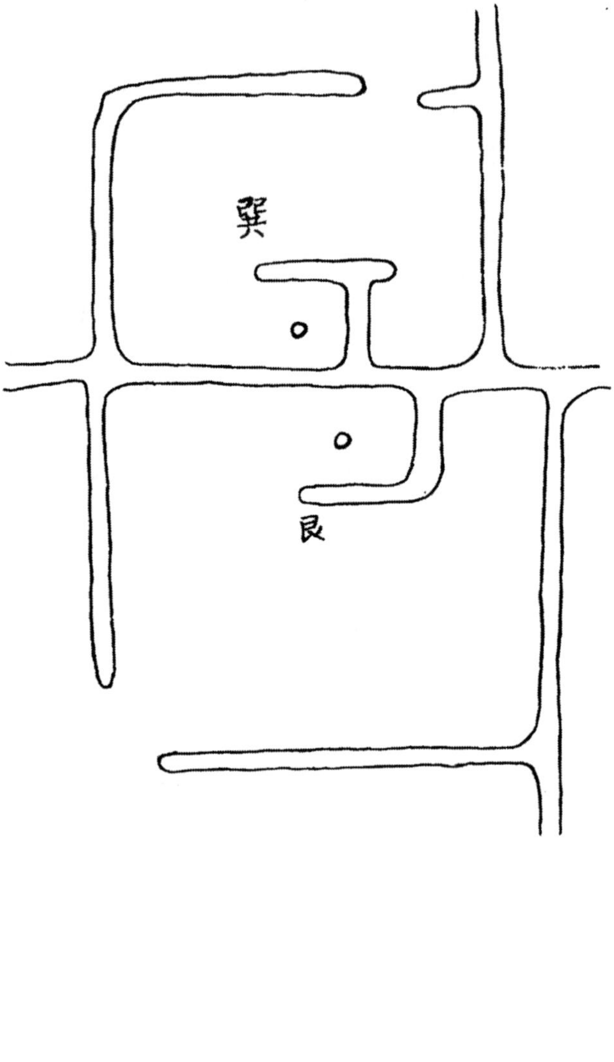

來大去小
本身帶祿
有人折着
斗量金谷

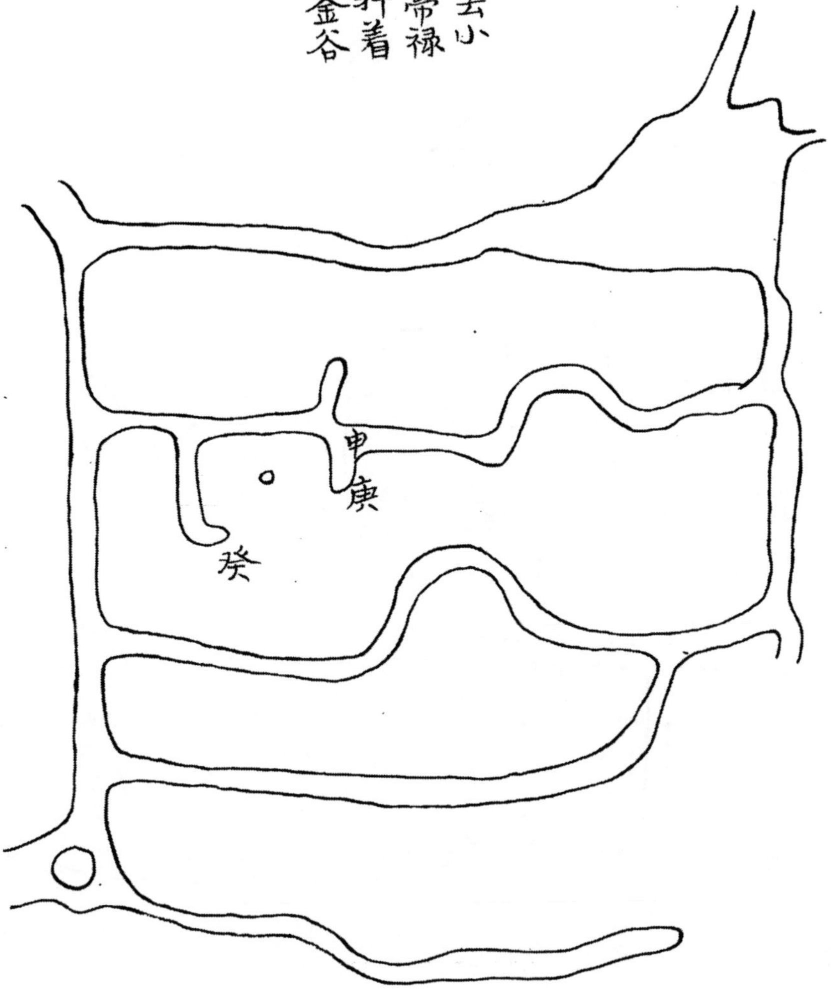

蜈蚣穴
腰裏結
若下時
官班列

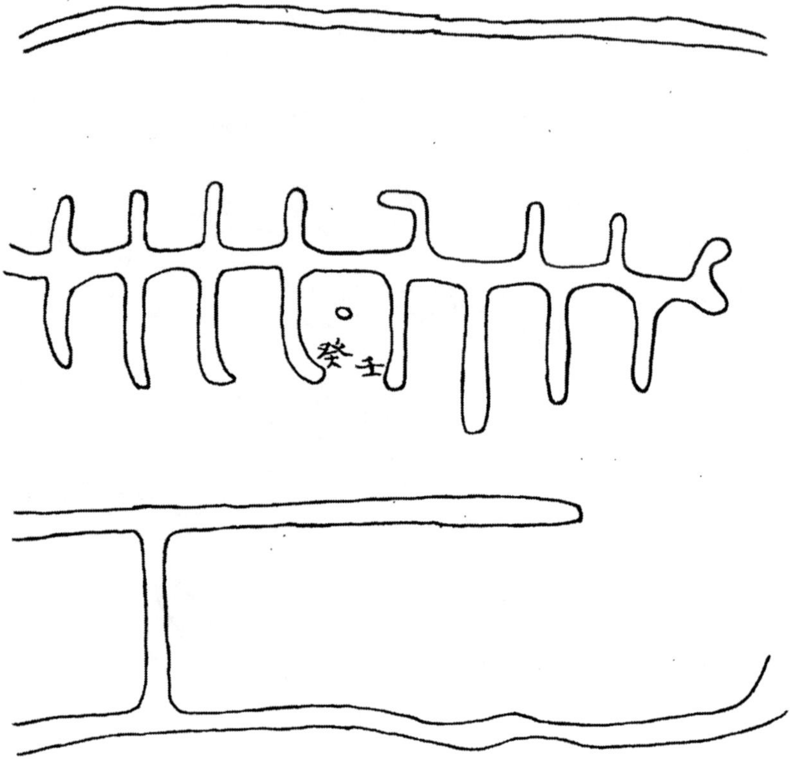

應托有情
好主賢賓
認水立穴
富貴非輕

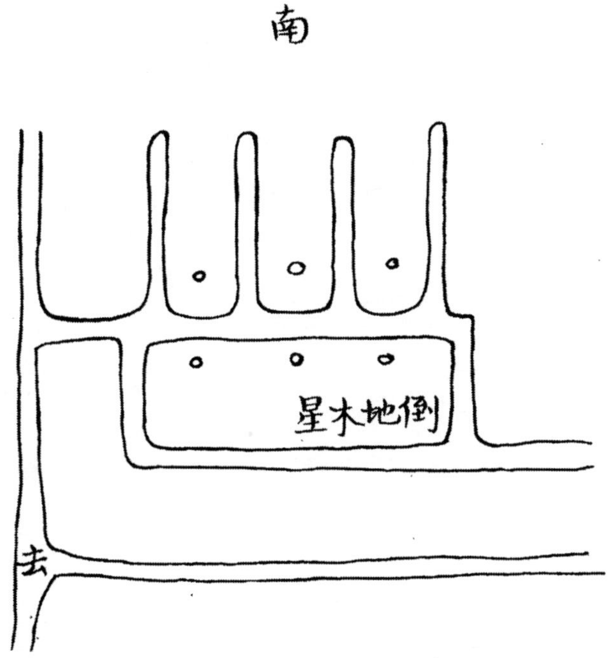

梭子金
穴最精
包藏厚
發富丁

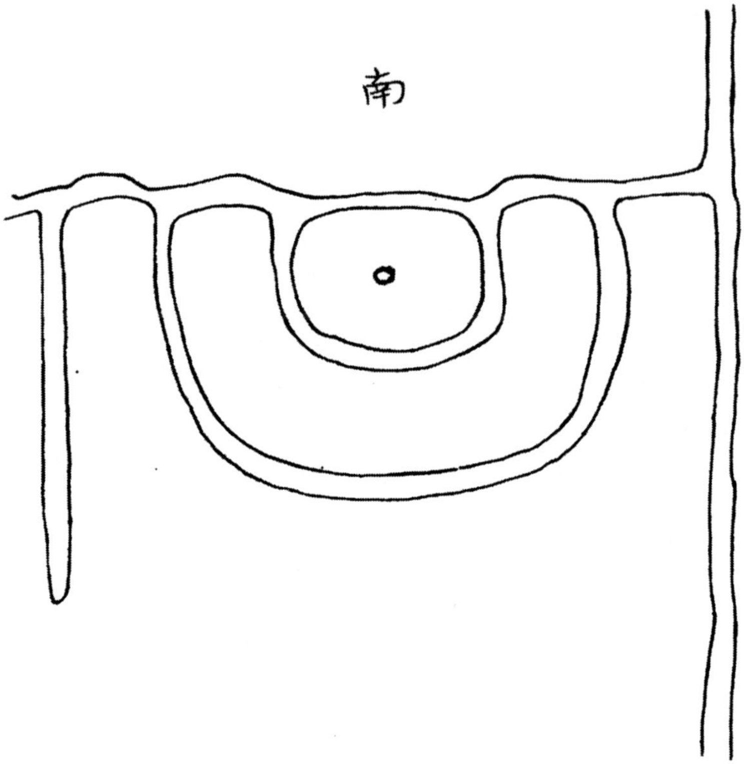

成形之器
係乎樂應
向依水立
福壽可定

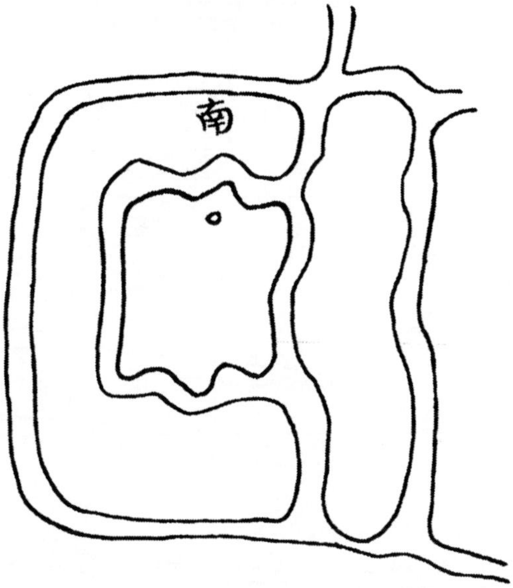

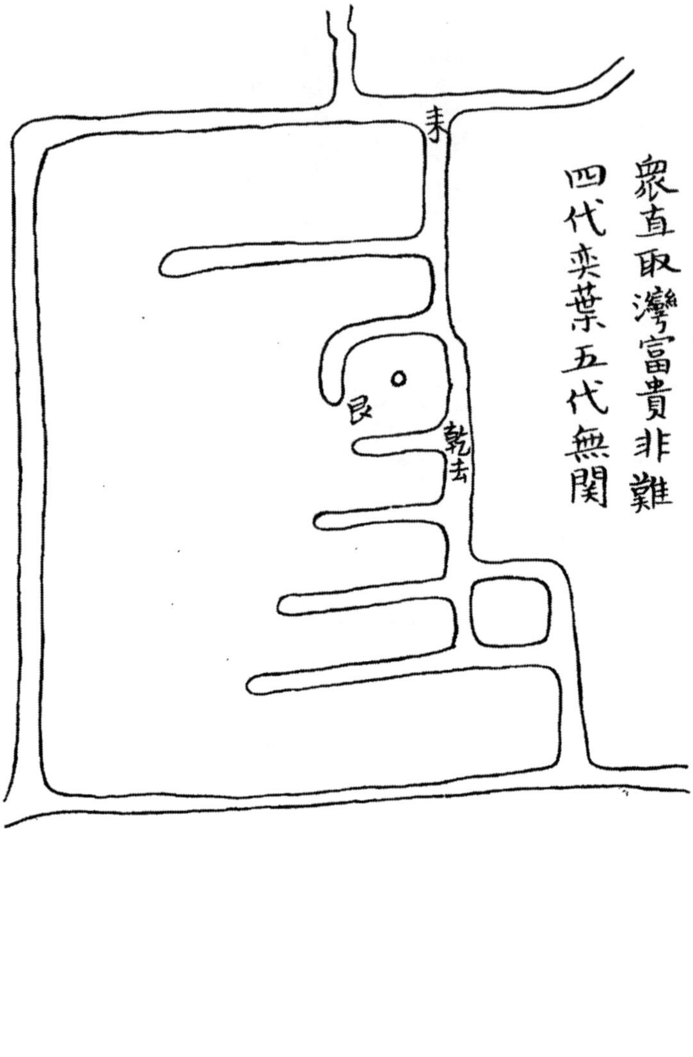
衆直取灣富貴非難
四代奕葉五代無関
來
艮
乾去

錦屛鏡祥雲月
輔衛全是真穴
有人扦着富貴
不竭

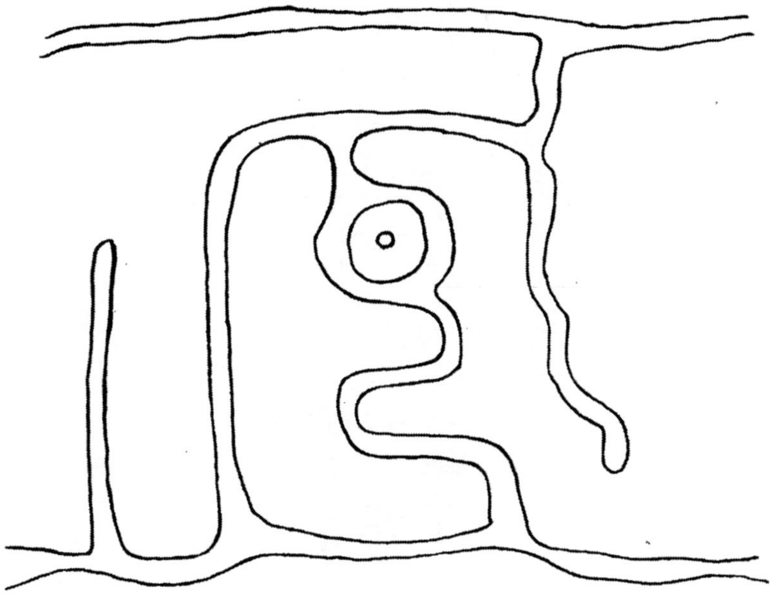

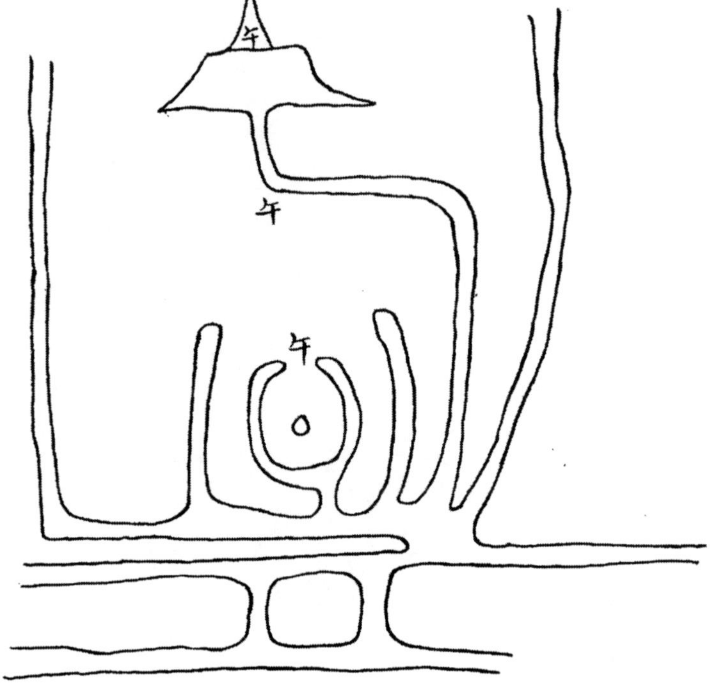

重〻氤氣全
旗鼓出天然
必主將軍令
威振華夷边

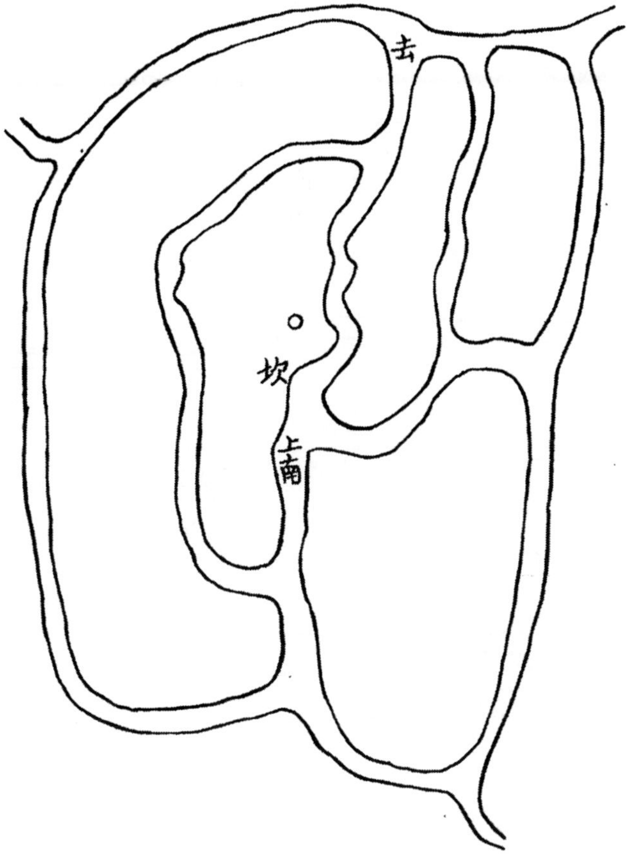

形如飛燕
祥雲繞纏
来去得宜
綉衣上殿

雖有金鈎掛月形
若離太極即非真

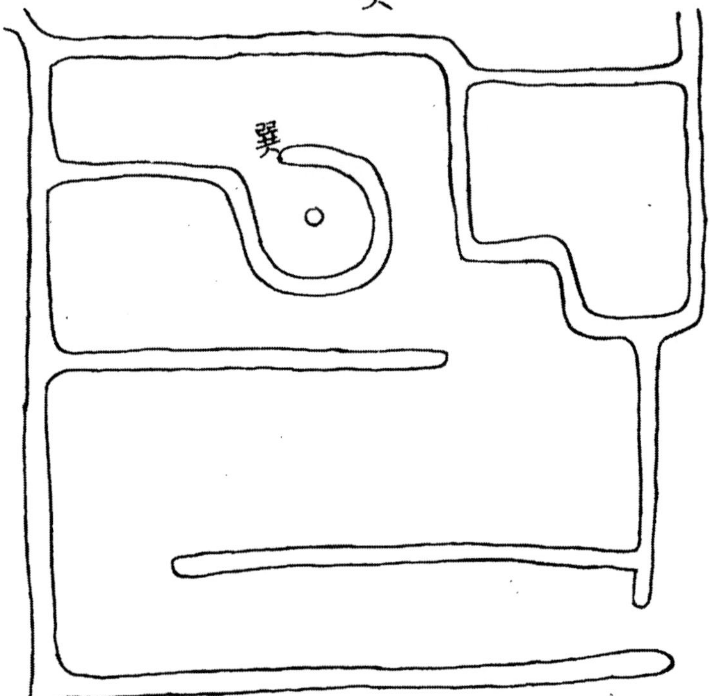

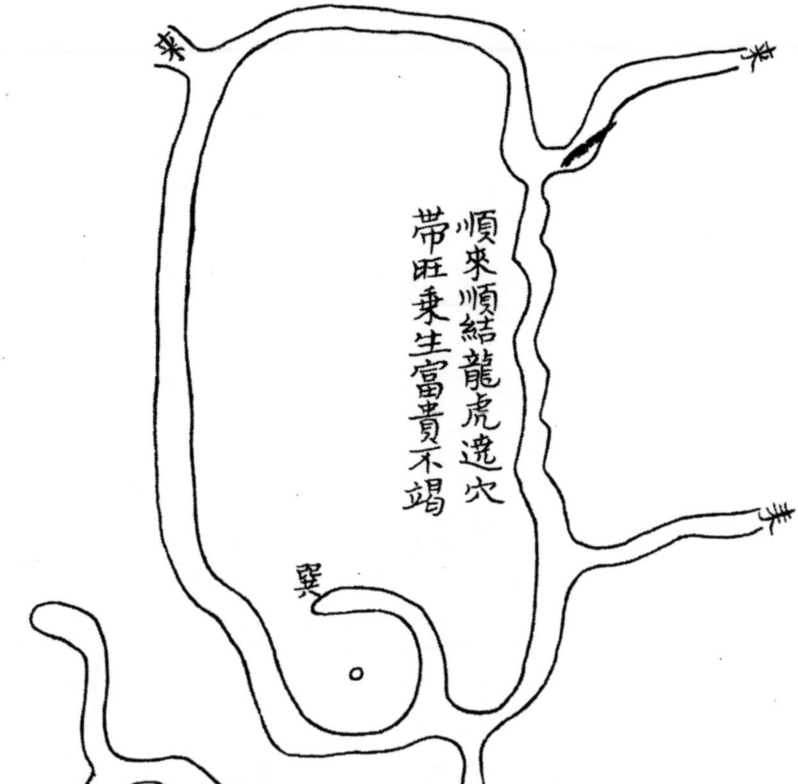
順來順結龍虎遶穴
帶旺乘生富貴不竭
来
来
来
巽
去

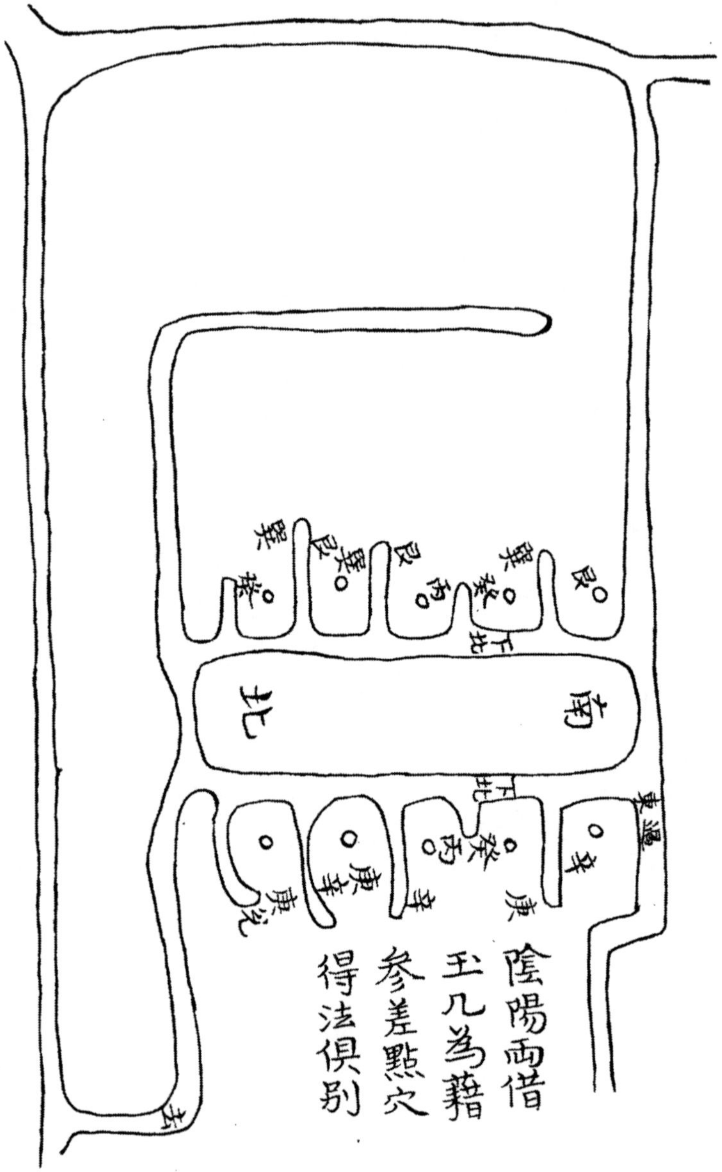

陰陽両借
玉几為籍
参差點穴
得法俱别

散中取聚
向依夫水
扦之不背
各仍其美

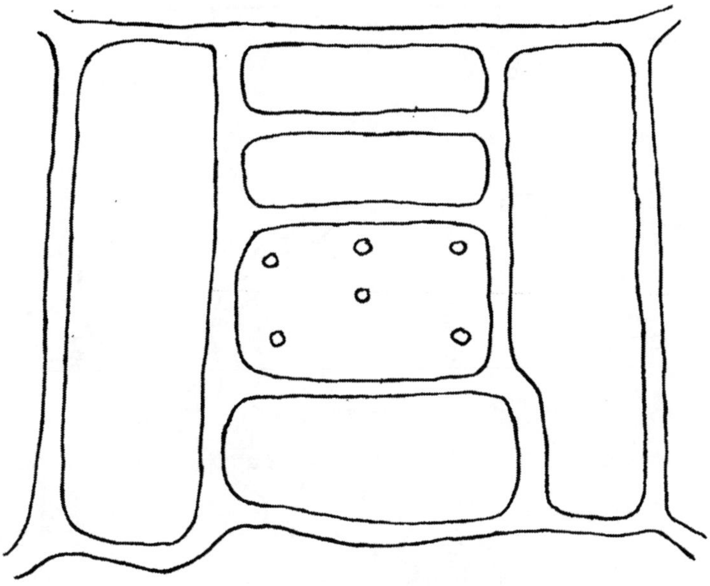

正局入式圖

来去淂宜
四神皈依
如能扦着
魁拜何疑

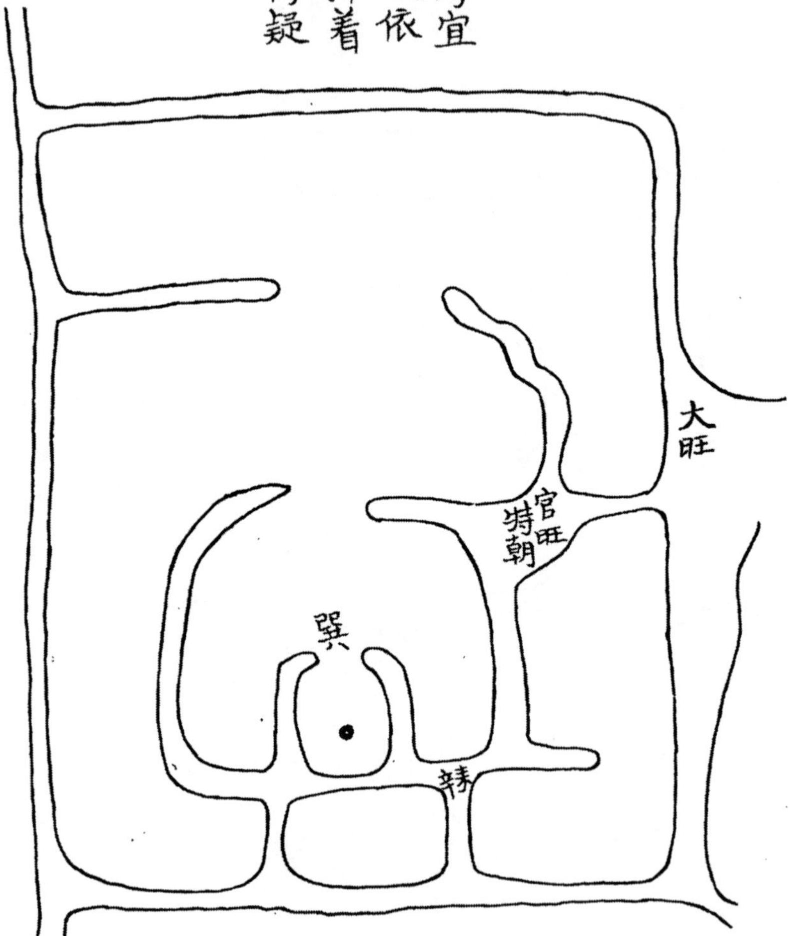

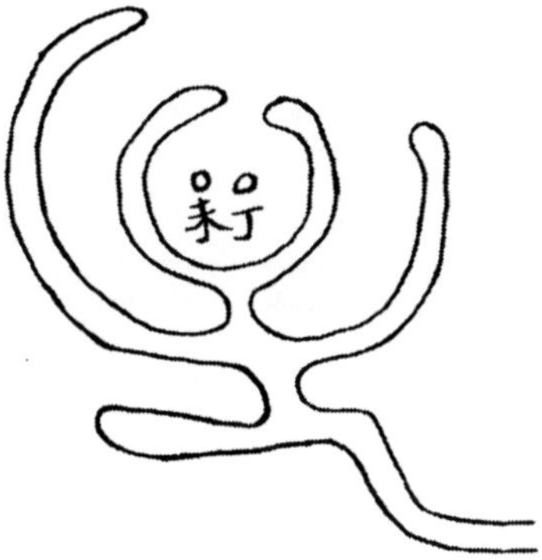

雖有千葉蓮花勢
不離父母本生氣

盛御史祖地

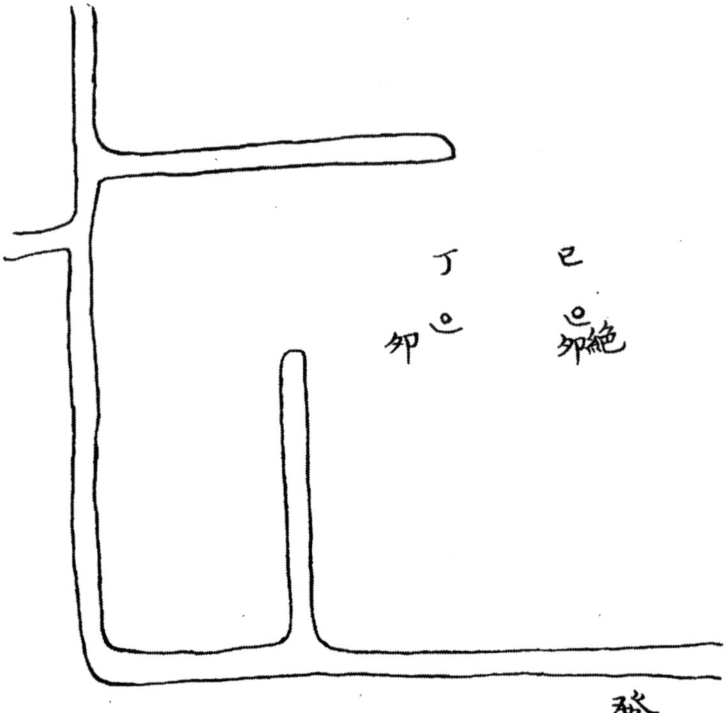

發一科五六萬金

薛邵魯重祖地

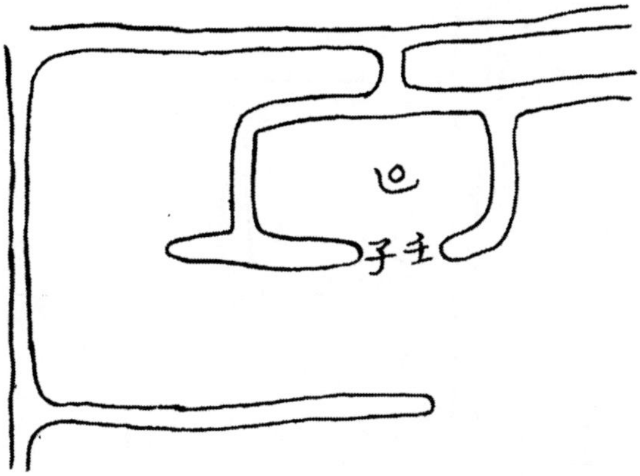

其地在嘉善地名兴〻庄
發二甲一科

丁文慱祖地

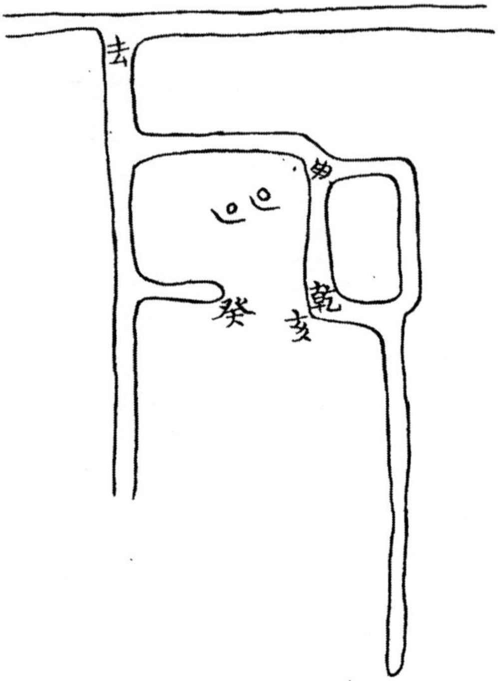

其地在西溏之東
發一甲

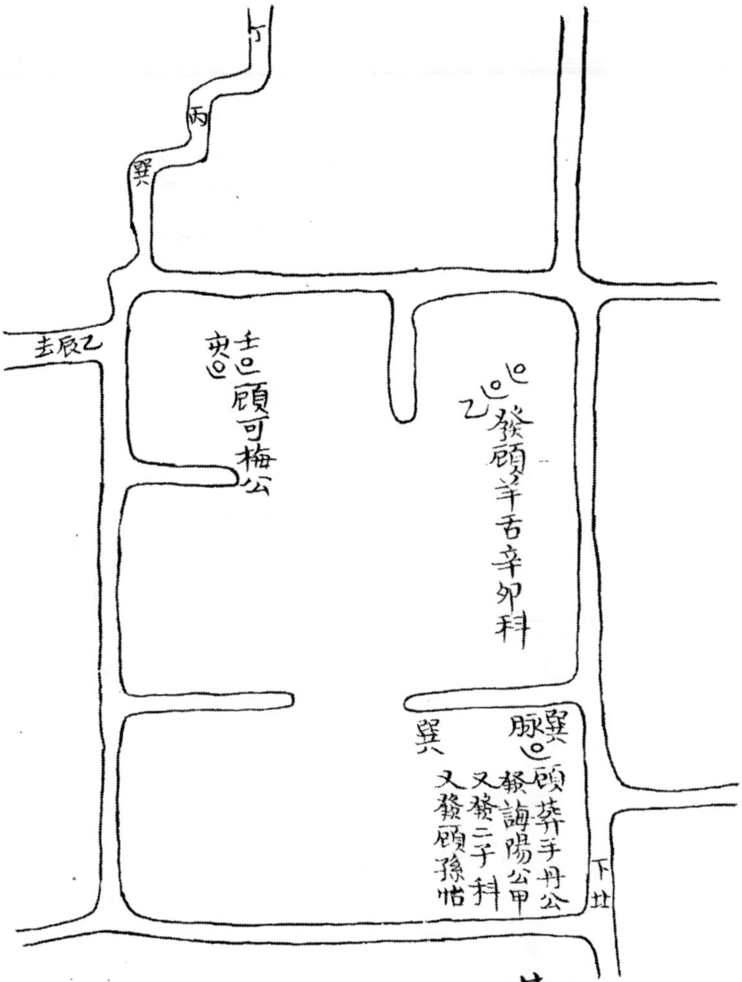
丁
丙
巽
壬辰乙
壬山丙向
顧可梅公
巳山乙
發顧羊舌辛卯科
巽
巽山脉
顧莽手丹公
發誨陽公甲
又發二子科
又發顧孫帖
下
灶

其地在豐涇鎮南

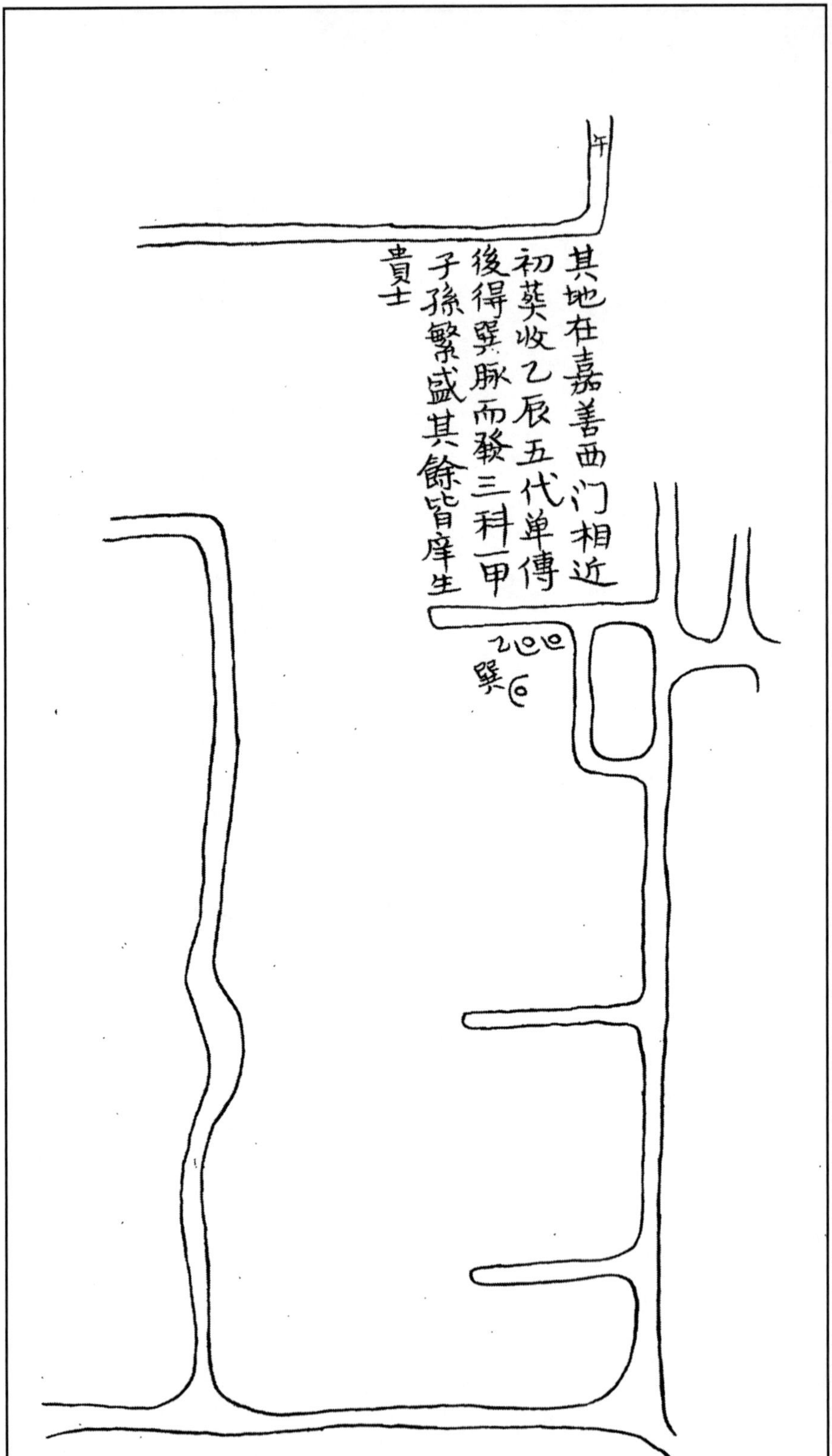
午
其地在嘉善西门相近
初葬收乙辰五代单傳
後得巽脉而發三科一甲
子孫繁盛其餘皆庠生
貴士
乙
巽

加興沈氏祖地

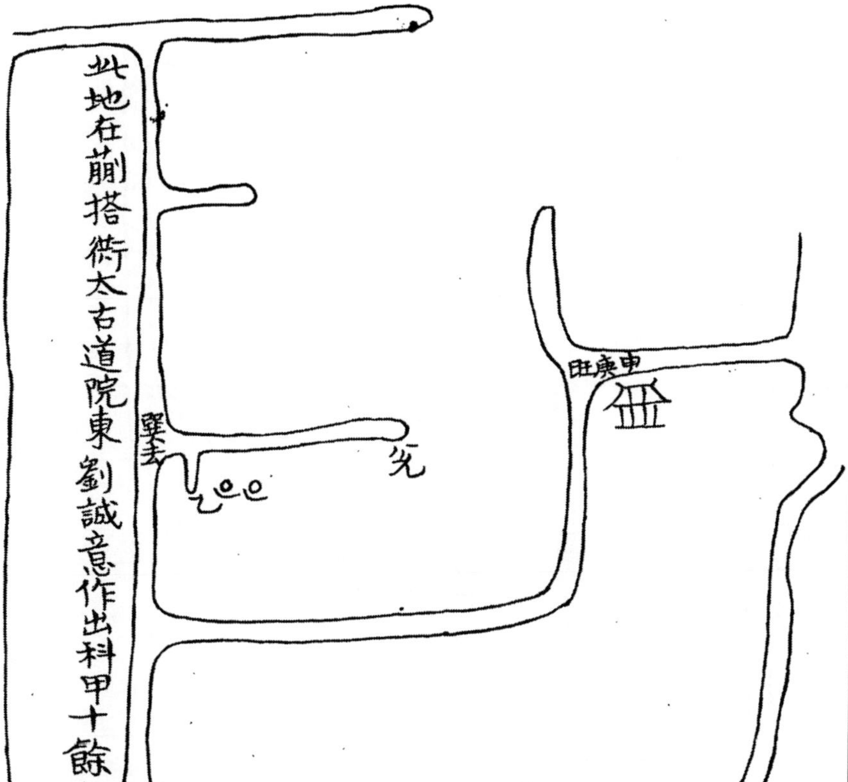

董思白祖地

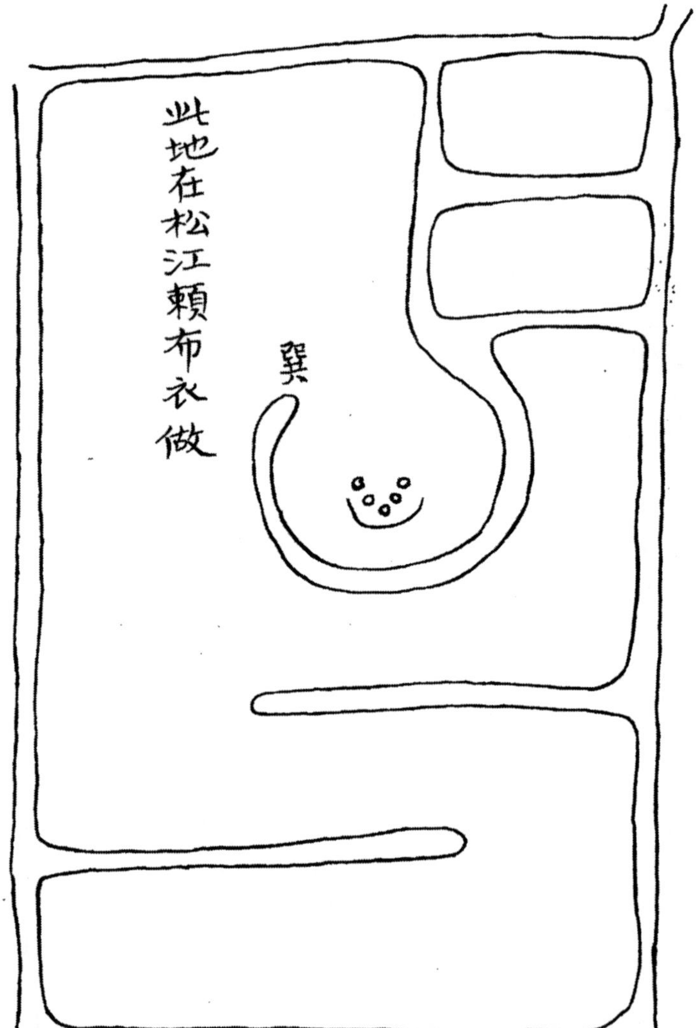

季因是祖地

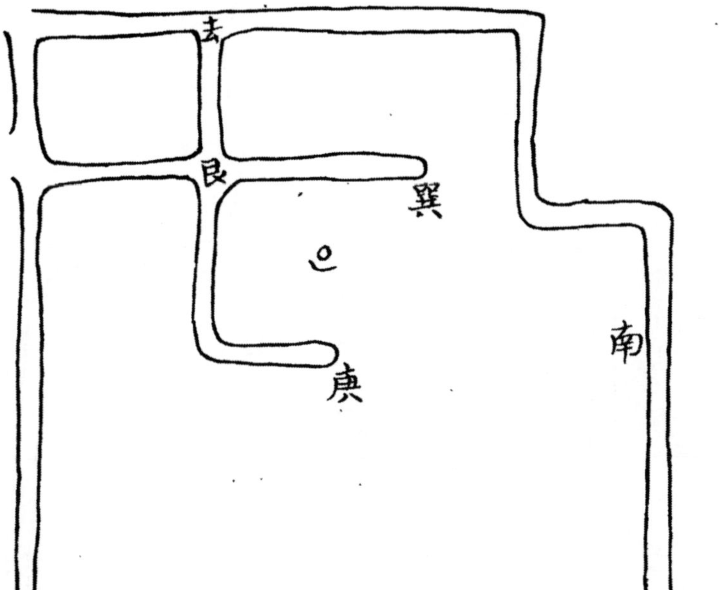

其地在泰興西門外十餘里

加善季連伯祖地

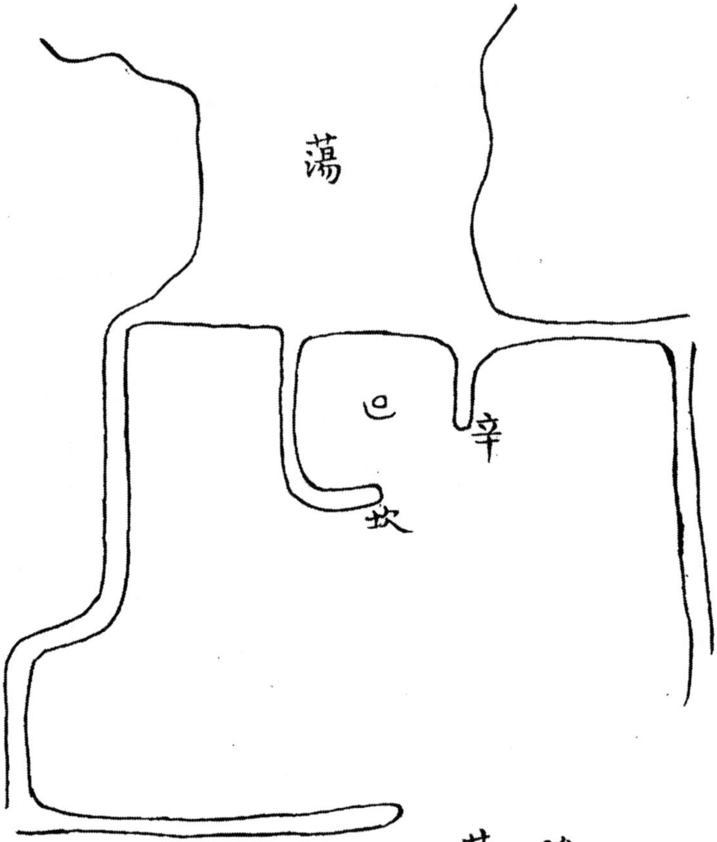

贛季明撰

其地在下無蕩發一甲

袁化朱氏祖地劉誠意作發人丁三四千科甲四人

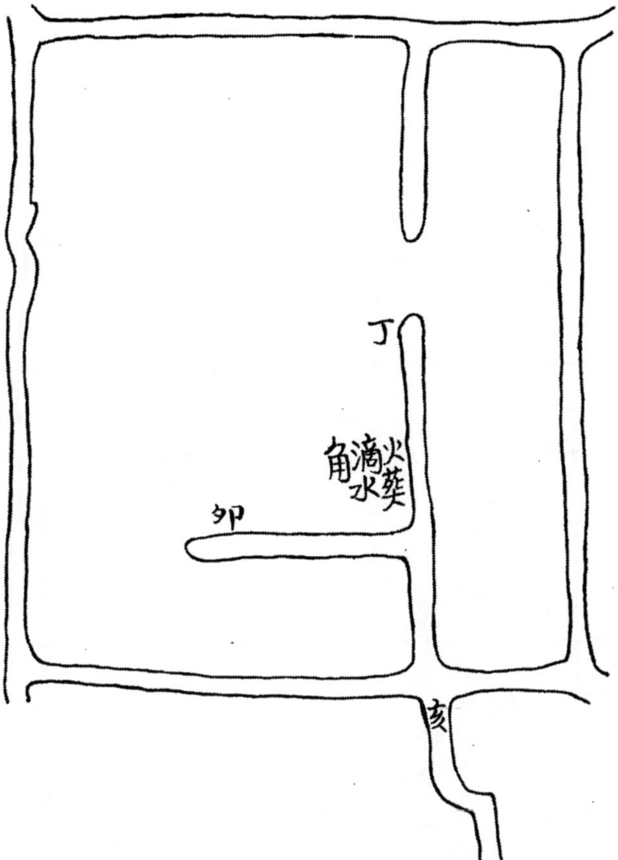

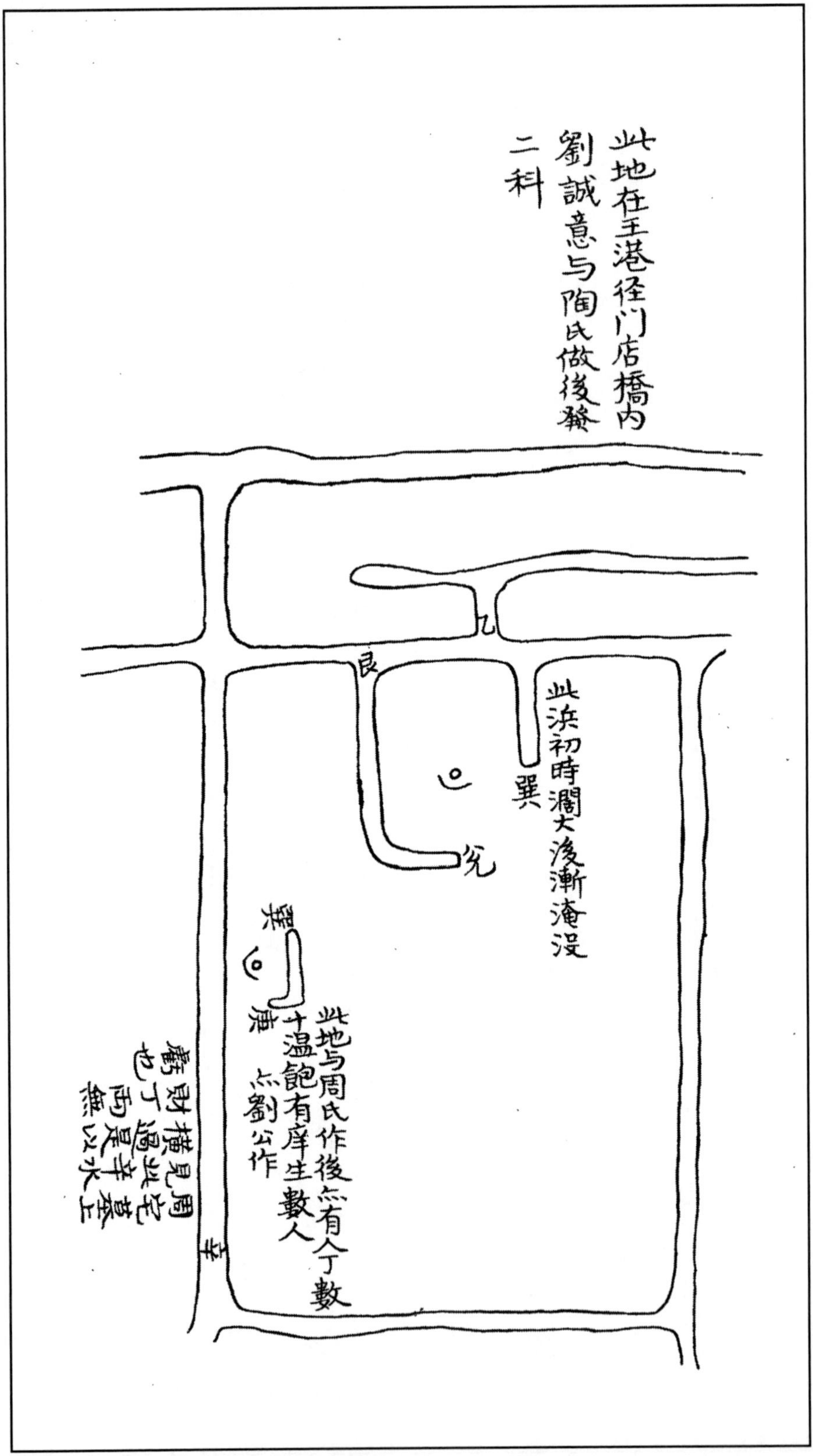
此地在王港徑门店橋内
劉誠意与陶氏做後發
二科
乙
艮
巽
兌
此浜初時濶大後漸淹沒
巽
庚
此地与周氏作後点有个丁數
十温飽有庠生數人
点劉公作
辛
虧財橫見周
也丁遇此宅
而見辛昔坐
無以水上

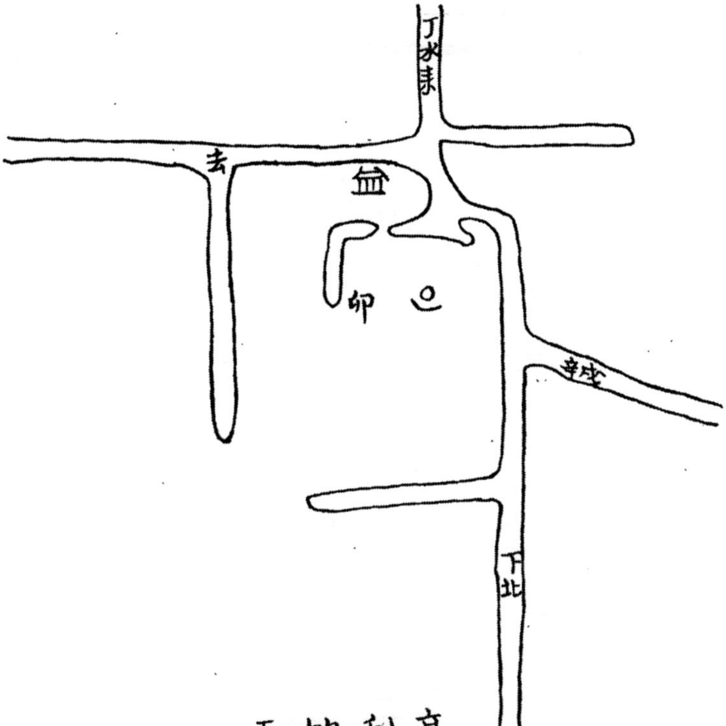

高寓公祖地出三科二甲利卯生人及卯年地在竹林庙新豐上南五六里

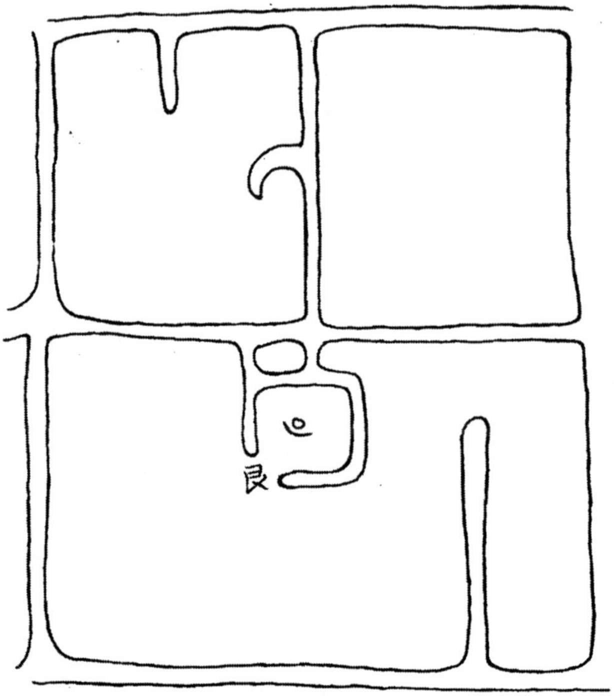

此地在松江華亭縣黃泥堰發于壬午科沈林秋沈又葵二甲聯捷

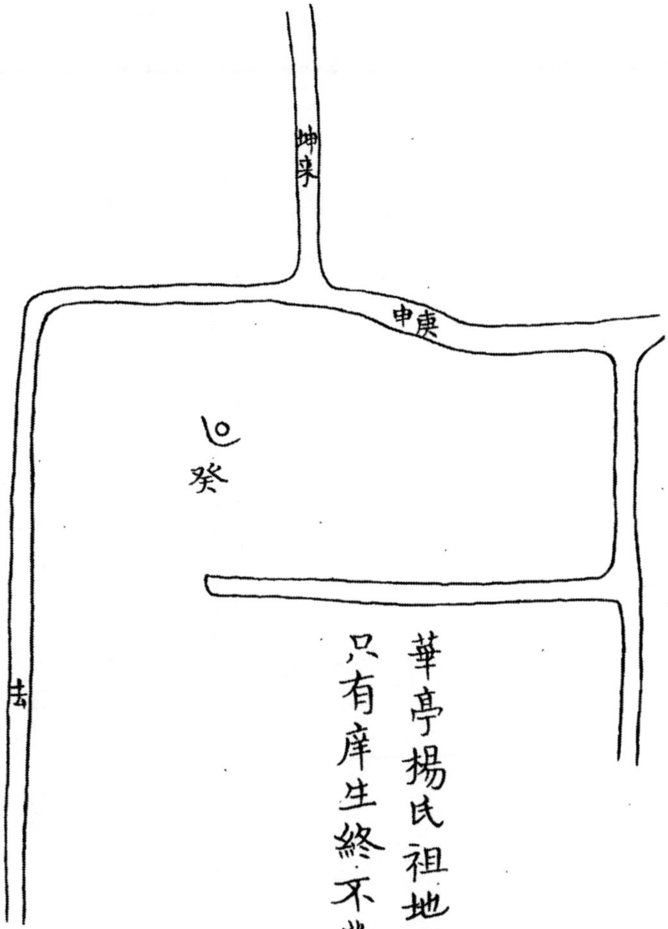

華亭楊氏祖地置田拾一萬外
只有庠生終不發科

屠念慈祖地發數科甲

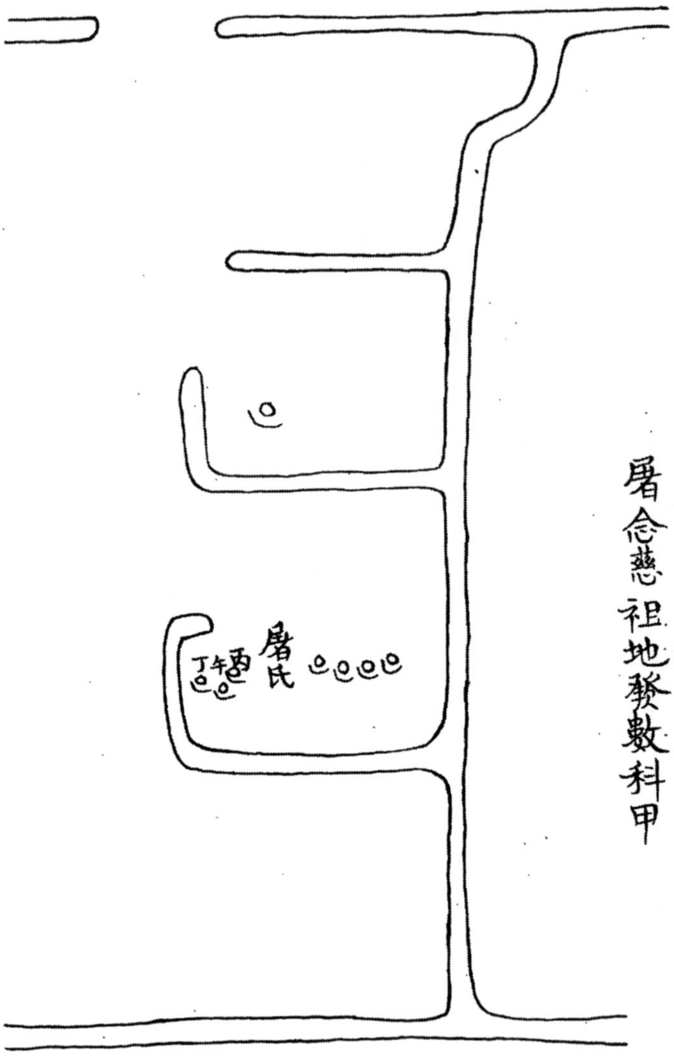

乾老金甲子外壬午　中坎水戊寅外戊申三宮交藏二煞　艮三土丙辰外丙戌

震木庚子庚午臨　巽木辛丑兼辛未　中離火巳卯巳酉尋

坤老土乙未兼癸丑　兌三金丁巳丁亥評

巽雞酉乾馬午兌蛇巳頭　坎龍辰坤兔卯震山猴申　艮虎寅離豬亥為煞曜

犯之墓宅一齊休

乾納甲　巽納辛　艮納丙　坤納乙

坎子癸甲辰　震卯庚亥未　離午壬寅戌　兌酉丁巳丑

卯酉向忌的是巽方巳巳